大家小书

秦汉史略

何兹全 著

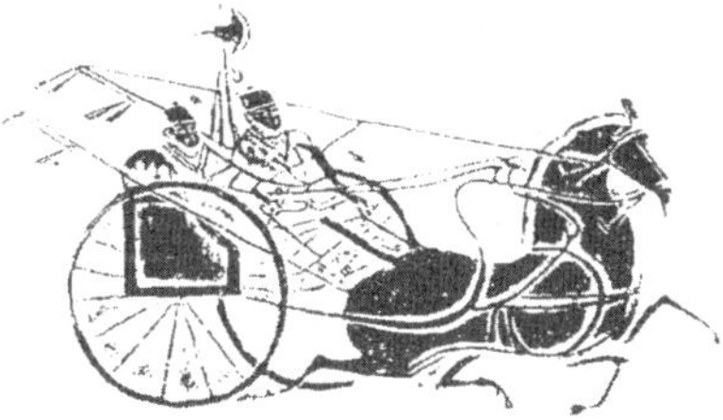

北京出版集团公司
北京出版社

图书在版编目（CIP）数据

秦汉史略／何兹全著. — 北京：北京出版社，2018.4
（大家小书）
ISBN 978-7-200-13078-2

Ⅰ. ①秦… Ⅱ. ①何… Ⅲ. ①中国历史—秦汉时代 Ⅳ. ①K232

中国版本图书馆CIP数据核字(2017)第122791号

总策划：安　东　高立志　　责任编辑：王忠波　孔伊南

·大家小书·
秦汉史略
QIN-HAN SHILÜE
何兹全　著
*
北京出版集团公司
北京出版社
出版
（北京北三环中路6号　邮政编码：100120）
网　址：www.bph.com.cn
北京出版集团公司总发行
新华书店经销
北京华联印刷有限公司印刷
*
880毫米×1230毫米　32开本　6.5印张　111千字
2018年4月第1版　2022年12月第3次印刷
ISBN 978-7-200-13078-2
定价：39.00元

总　　序

袁行霈

“大家小书”，是一个很俏皮的名称。此所谓“大家”，包括两方面的含义：一、书的作者是大家；二、书是写给大家看的，是大家的读物。所谓“小书”者，只是就其篇幅而言，篇幅显得小一些罢了。若论学术性则不但不轻，有些倒是相当重。其实，篇幅大小也是相对的，一部书十万字，在今天的印刷条件下，似乎算小书，若在老子、孔子的时代，又何尝就小呢?

编辑这套丛书，有一个用意就是节省读者的时间，让读者在较短的时间内获得较多的知识。在信息爆炸的时代，人们要学的东西太多了。补习，遂成为经常的需要。如果不善于补习，东抓一把，西抓一把，今天补这，明天补那，效果未必很好。如果把读书当成吃补药，还会失去读书时应有的那份从容和快乐。这套丛书每本的篇幅都小，读者即使细细地阅读慢慢地体味，也花不了多少时间，可以充分享受读书的乐趣。如果把它们当成补药来吃也行，剂量小，吃起来方便，消化起来也容易。

我们还有一个用意，就是想做一点文化积累的工作。把那些经过时间考验的、读者认同的著作，搜集到一起印刷出版，使之不至于泯没。有些书曾经畅销一时，但现在已经不容易得到；有些书当时或许没有引起很多人注意，但时间证明它们价值不菲。这两类书都需要挖掘出来，让它们重现光芒。科技类的图书偏重实用，一过时就不会有太多读者了，除了研究科技史的人还要用到之外。人文科学则不然，有许多书是常读常新的。然而，这套丛书也不都是旧书的重版，我们也想请一些著名的学者新写一些学术性和普及性兼备的小书，以满足读者日益增长的需求。

“大家小书”的开本不大，读者可以揣进衣兜里，随时随地掏出来读上几页。在路边等人的时候，在排队买戏票的时候，在车上、在公园里，都可以读。这样的读者多了，会为社会增添一些文化的色彩和学习的气氛，岂不是一件好事吗?

“大家小书”出版在即，出版社同志命我撰序说明原委。既然这套丛书标示书之小，序言当然也应以短小为宜。该说的都说了，就此搁笔吧。

导　读

宁　欣

《秦汉史略》最早是由1955年5月上海人民出版社出版的一本小书，是面向广大历史爱好者的通俗易懂的普及型读物。但作者并未因“小”而忽略对重大问题的描述和研讨，虽然因时代局限而有意回避了社会性质等问题，但作者仍希望读者能在有限的文字中读出、读懂他对这一阶段的社会性质和社会发展规律的看法。

在作者的历史分期里，秦汉是古代社会即奴隶社会（如果用五种形态解释中国历史，秦汉时期还没有进入封建社会。五种社会形态依次为：原始社会、奴隶社会、封建社会、社会主义社会和共产主义社会），但那时还不敢公开提出，但如果一本书要对一段历史按事实做具体的叙述，就必然会接触到这一段历史的发展规律，也就必然接触到社会性质的问题，因此，在行文中也不可避免地流露出作者对秦汉社会性质的看法。

何先生在20世纪30年代和40年代，即开始发表多篇关于中国社会史的论文，在这些文章里提出了一些与别人不同的见解。20世纪90年代初，出版了《中国古代社会》（原由河南人民出版社出版，2001年北京师范大学作为“北京师范大学教授文库”之一再版），系统阐述了他对中国社会历史发展道路的与人不同的见解。

秦汉通常被看作一个历史时期，汉承秦制，也说明了延续性与继承性是秦汉时期的历史特征。但作者的重点是缕清和分析变化，秦、西汉、东汉与前朝相比都发生了哪些变化，在叙述这些变化的同时，作者的分析亦在其中。

何先生认为秦汉皇权的本质是“东方专制政体”，皇权和一般商人地主的矛盾，两者之间是地主阶级内部的矛盾，皇帝和商人地主是有统一有矛盾的关系。“东方专制政体”这一提法现在基本不使用了，但确是作者对皇权本质的理解。作者解释了之所以使用这一专有名词，是为启发人们去研究东方专制政体在中国历史上发挥了什么作用这一需要更深入探讨的问题。希望以马克思主义的学说为指导，虽然作为通俗和普及性的读本，也希望读者能在阅读中对中国历史的认识有深入和深刻的了解。

何先生将秦汉时期的历史分成了三段，秦、西汉和东汉。每一段都强调了一个或若干需要重点关注的问题。秦统治时期，重点关注对秦统一的认识和对秦始皇的评价，这两点，何先生都给予了充分的肯定。西汉时期，何先生认为基本可以看作是秦帝国的延续，正所谓“汉承秦制”。但由于西汉延续时间长，初期、中期和后期又有各自的特点，武帝以后，随着阶级矛盾的发展，加剧了土地兼并和小农的破产，统治阶级试图通过改革、改制挽救衰落的局面，但并没有解决实际问题。东汉时期，与西汉不同，开国皇帝刘秀是在豪族地主的支持下建立的政权，地主阶级内部形成集权的君主与分权的世家豪族两股势力，两者的对立表现为宦官与外戚的对立，党锢之祸由此而产生。统治阶级与被统治阶级之间随着土地兼并的发展矛盾也日益尖锐，农民起义不断，也包括被征服的其他民族起义，最终世家豪族势力取得了胜利，从而也将中国的历史带入了近四百年的分裂割据时期。

秦汉时期的历史，何先生认为应该抓住两条主线，一是统治阶级和人民群众的矛盾，一是统治阶级内部的矛盾，通过这两个主要矛盾，可以认识社会是如何变化的，是如何导致朝代更迭的。

提纲挈领式的叙述，简短的结论，附有大事记，重要事件和历史线索一目了然。相信这本“小书”可以引领大家走进“大历史”。

目 录

一　秦——由附庸到统一帝国

秦国是在中国的西部（现在的甘肃东南部和陕西西部）发展起来的一个国家。

依据秦人的神话传说，他们的原始祖母名字叫女脩。女脩正在纺织，有黑鸟生了一个卵，女脩吃了这个鸟卵就怀了孕。后来生了儿子，取名大业。大业就是秦人的始祖。

卵生的神话传说，是古代东方渤海沿岸各氏族部落所共有的，如起于东方的殷商，就有“天命玄鸟，降而生商”的神话传说。同时从传说中，我们知道秦人是嬴姓，古时嬴姓的部落多半在东方，所以秦国的王室所属的氏族部落，可能是起于东方的。但这不是重要的问题。因为即使秦国王室所属的氏族部落是起于东方，秦国却是一个在西方发展起来的国家，秦人主要也是由西方各氏族部落融合发展而组成的。

在原始时代，秦人的主要生产是畜牧业。关于秦人祖先的传说都是与畜牧业有关的。传说他们的祖先大费（即伯益）曾佐舜调驯鸟兽；费昌曾为成汤御车；造父以善御幸于周缪王；非子好马及畜，曾为周孝王养马。（关于这些故事，请参看《史记·秦本纪》）从这些故事中，我们可以看出秦人和畜牧生活有关的一些影子。

传说非子养马养得好，周孝王就把秦这个地方（现在甘肃天水境）封给他，使他做个附庸国。西周末年遭戎翟的侵略，平王东迁到洛阳去，就把岐（现在陕西岐山）地以西的、事实上已被戎翟占居的地方封给秦。这以后，秦才由附庸的地位上升为诸侯国。

这之后，秦国就在和戎翟的斗争中逐渐发展起来。

公元前7世纪中叶，春秋时期，秦国出了一个秦穆公（公元前659年到前621年在位）。他先后用了三个对东方文化有修养的人——百里傒、蹇叔和由余，使秦国接受了东方各国的先进文化，推动了秦国的进步，使秦国由一个落后的小国成为春秋五霸之一。秦国在西方征服了许多戎翟部落，开地千里；在东方把国境推展到黄河的沿岸。春秋后期，秦国由于内部矛盾，中衰下去，到秦孝公用商鞅变法，才又强起来。公元前4世纪中叶，战国的前期，秦孝公（公元前361年到前338年在位）任用商鞅变法，采取一些进步措施，改革秦的土地制度，废除氏族贵族在政治、经济、社会各方面的特权，强化了王的统治权，奖励耕战，保护小农经济，改革秦人落后的社会制度和风俗习惯，使秦国的经济得到充分发展的条件，于是秦国便逐渐富强起来，成为当时各国中最先进的国家。孝公初年，东方国家还看不起秦国，把秦国看成落后的夷狄之邦。商鞅变法之后，秦国便成了当时七强之一。孝公以后，秦便由七强之一向独强、统一的路上走，逐步蚕食东方各国的土地。

公元前246年秦王政即位。这时秦的国境“已并巴、蜀、汉中，越宛有郢，置南郡矣；北收上郡以东，有河东、太原、上党郡；东至荥阳，灭二周，置三川郡”[①]。换言之，秦王政即位的时候，秦国的疆土已是：在南方包括了四川地方和湖北的西部，北方包括了山西中部以南的大半，东边到了河南郑州附近。

秦王政就是后来灭六国统一天下的秦始皇。

秦王政即位的时候，才十三岁，政权掌握在相国吕不韦手里。后来又有一个嫪毐，得幸于秦王政的母亲，在政治上也有很大的势力。秦王年岁渐大，在政治上便逐渐和嫪毐、吕不韦发生矛盾。公元前238年，秦王政九年的时候，嫪毐作乱。嫪毐的人和秦王的人大战于咸阳城内。结果秦王胜利了，嫪毐和

---

① 《史记·秦始皇本纪》。

他的主要党羽全被杀死，小党羽被徙到四川去。这次政变也牵连到吕不韦。次年吕不韦免相。各国诸侯的宾客、使臣到秦国来的，都为吕不韦说好话，希望恢复吕不韦的职位。这就更增加秦王对吕不韦的猜忌。秦王觉得留着吕不韦终究是一害，遂决定把吕不韦迁到四川去。吕不韦自知不免，就饮毒酒自杀了。

《史记》把秦王政的母亲和吕不韦、嫪毐的私生活都记下来。说秦王政的母亲原来是吕不韦的幸姬，在她已经有孕的时候，吕不韦把她送给秦王政的父亲子楚。后来她生下的孩子就是秦王政，所以吕不韦才是秦王政的真父亲。当时子楚（原名异人）正做秦国的质子住在赵国都城邯郸。靠了吕不韦的活动，子楚才得做秦国太子的嗣子，以至得做秦王。关于嫪毐和秦王政母亲的关系，更有一些丑恶的记载。根据这些记载，嫪毐、吕不韦事变好像都是由这些关系引起来的。这些记载是真是假，现在已无法考究了。即使是真，我们也绝不能从这个角度来看秦王政和吕不韦、嫪毐的斗争。秦王政和吕不韦、嫪毐的斗争应该从他们在政治权力的矛盾上来理解。秦国由于政治集中化的发展，是不能允许在国王之外还存在着一个有震主之威的相国或权臣的。秦王政和嫪毐、吕不韦的斗争是秦国王权集中化政治下必然会产生的事件。

早在公元前242年（秦王政五年），秦国已发动过一次对魏国的攻击，夺取了二十城，设置了东郡。秦国的东部国境已经推移到现在的河南北部和山东的西北部。嫪毐、吕不韦死后，国内政权统一，更有力量放手对外。公元前230年（秦王政十七年）灭韩，前228年灭赵，前225年灭魏，前223年灭楚，前222年灭燕、代，前221年（秦王政二十六年）最后灭了齐。从公元前230年到前221年，十年之间，秦国像摧枯拉朽一样消灭了关东各国，统一了全中国，在中国历史上第一次真正地建立起一个统一的大帝国。

讲到秦的统一，我们有两个问题要提出来。第一，为什么这时有统一的出现；即什么力量、什么条件决定了统一帝国的出现。第二，为什么统一是由秦来完成，而不是由其他的一个国家来完成。

关于第一个问题，我们可以这样简单地解释：秦的统一，是春秋战国以来，社会经济，即商品货币关系发展的必然结果。春秋战国以来，生产力的发展，商品货币关系的发展，加强了各个地区与各个国家之间的经济联系，于是在政治上也就要求打破那种原来分散的诸侯国家界限而建立一个统一的帝国。《荀子》说："北海则有走马吠犬焉，然而中国得而畜使之。南海则有羽翮齿革曾青丹干焉，然而中国得而财之。东海则有紫纮鱼盐焉，然而中国得而衣食之。西海则有皮革文旄焉，然而中国得而用之。故泽人足乎木，山人足乎鱼，农夫不斫削不陶冶而足械用，工贾不耕田而足菽粟。”[①]这段话很好地描述了战国时生产上的分工和各地区经济上的相需性。《孟子》说：“天下恶乎定？……定于一。”《荀子》说：“四海之内若一家。”都是战国以来政治上要求统一的表现。

关于第二个问题，我们可以这样简单地说：在东方各国，宗法制顽强地维持着旧的氏族贵族阶级在政治、经济、社会各方面的特权，而在政治、经济、社会各方面的变革都是以诸侯、旧的氏族贵族和新的商人贵族各阶级互相妥协的姿态出现的，并不是以变法的姿态出现，这就使得东方各国的诸侯不能彻底地发挥国君集权的力量，即统一的力量。至于秦国，一切情况恰恰相反。商鞅变法以后，秦国的国家权力集中在国君手里，国君的权力是强大的。政府解决了土地问题，氏族贵族土地所有制改变为自由买卖的土地所有制，旧的氏族贵族阶级在政治、经济、社会上的特权取消了，在新社会秩序下，没有地位的商人和自由民可依自己的才能取得政治地位和社会荣誉。当时，东方各国虽然都是秦的敌国，但在这些国家内，代表新的商人贵族阶级的进步势力，却无不以为秦国政府是代表他们

① 《荀子·王制篇》。

利益的政府，各国有才能的人，这些被客观条件决定在本国没有出路的人，无不跑到秦国来找出路，帮助秦国完成统一工作。再加以秦国在变法后，国家日益富强，疆土日益扩大，这就决定了统一必然由秦来完成。

二　秦帝国的中央集权政治

秦王政二十六年灭了六国，统一全中国。“秦王”的称号已经不符合他现在的身份了，他就召集群臣，要他们商量他应该称什么。群臣商量的结果，建议他称“泰皇”。秦王政自己决定，把“泰”字去了，保留“皇”字，采用上古帝位号，称为“皇帝”，并且他自己称“始皇帝，后世以计数，二世三世，至千万世，传之无穷”[①]。在他是没有想到只传了二世就会亡国的。

始皇统一的当年，丞相王绾等以“诸侯初破，燕、齐、荆（楚）地远，不为置王，毋（无）以填（镇）之”[②]为理由，请求分封诸皇子到燕、齐、楚等地方去。廷尉李斯反对分封，他的理由是：“周文武所封子弟同姓甚众，然后属疏远，相攻击如仇雠；诸侯更相诛伐，周天子弗能禁止。今海内赖陛

① 《史记·秦始皇本纪》。
② 同上。

下神灵一统，皆为郡县。诸子功臣，以公赋税重赏赐之，甚足易制。天下无异意，则安宁之术也，置诸侯不便。”[①]秦始皇同意李斯的意见，决定不分封。全国分为三十六郡，由皇帝直接派遣官吏去治理。

强化国王的权力，打击氏族贵族在政治上的特权，以郡县为地方行政单位，直接归国王管辖，这是自商鞅变法以来就在秦国推行的政策。就是在东方诸国，这些政策也是部分地被推行着。晋、楚等国早已有了郡县，他们吞并小的诸侯国，就把它改为县，由诸侯派人直接管理。秦国蚕食六国的土地，事实上常把各国原有的郡县改为秦的郡县。秦王政二十六年击灭六国的时候，郡县制事实上正在全帝国范围内树立，王绾等请封诸子，是必然不为秦始皇所采纳的。

周王国和各封国的行政，是由卿、大夫等管理的。卿、大夫都是世袭的。这一套制度，也已经不适合于统一集权的大帝国。战国时期，由于统一集权政治的需要，在各国，尤其是在商鞅变法以后的秦国，已有了一些新的官职。这些新官职，如丞相、御史等，最初不过是国君的近臣，但随着君主集权政治的发展，这些近臣就代替卿、大夫成为政府中的大臣。这样，在秦王政统一全国时，就建立起一套适合于统一集权政治的新官制。

---

① 《史记·秦始皇本纪》。

秦的官制：在中央，文官最高的是丞相，他的职掌是辅佐皇帝处理国政。地位次于丞相的是御史大夫，他的职掌一方面是为丞相之副贰，掌监察百官，一方面又是皇帝的近臣，皇帝给丞相府的公文，是由御史大夫转下的。武官最高的是太尉，掌武事。分掌中央政府各部门政务的，有列卿。其中主要的几个职官是：一、廷尉，掌刑辟。二、治粟内史，掌谷货。三、少府，掌山海池泽之税以给供养。治粟内史和少府都是管财务的，不同的是治粟内史所管的是政府的收入，少府所管的是皇帝的私收入。在秦汉时代，皇帝有很多私有财产，有很多土地，这一点以下我们还要谈到。地方官制：郡有守、尉、监。县，万户以上置令，不及万户置长。县以下有乡有里。乡有三老，是掌教化的；有啬夫，掌管听讼和收赋税；另有游徼，主管徼巡盗贼。里有里正。乡里之外有亭，亭有长，有求盗。乡里是主管行政的，亭是掌管治安、检查交通和行人的。

秦代官制是为专制主义服务的。它的特点是所有的官吏都不是世袭的，他们是由皇帝任命的，他们的地位、荣辱完全由皇帝决定。地方郡级政府每年年尾要向中央报告地方政治，这叫作“上计”。这种制度把地方权力集中到中央。同时，在地方官职中，也取互相牵制、互相监督的办法。郡守是一郡的长官，但有一个尉把他的军权分出去。另外，还有一个监御史，主管监察。这样，一个郡守要想制造地方势力和中央政府对抗，就非常困难。

为了巩固统一和维持皇帝的政权，秦始皇还采取了一系列的措施。现在把重大的叙述如下：

一、统一文字。周代的文字，称为籀文。各国的文字虽然同是出于籀文，但是经过数百年的发展演变，到春秋战国时期，在形体上，已因地区或国度不同而有差异。秦始皇统一后，命李斯等整理文字，依籀文和秦国的文字作标准，制订一套笔画简便的新文字，叫作小篆。六国的文字与秦字不合的皆废弃。不过，秦时民间已经另有一种更简便的文字在流行，这就是隶书。到西汉时隶书就成为通行的文字。所以秦代统一文字时所制出的小篆，实际上并没有使用多少年。

二、划一度量衡、车轨、钱币等制度。战国时代，各国有各国的度量衡制、钱币。车轨宽窄不相同，每亩田大小不相同。秦始皇统一中国后，把全国的度量衡制、车轨的宽窄、田亩的大小、钱币的形制都统一起来，结束了战国以来“田畴异亩，车涂异轨，律令异法，衣冠异制，言语异声，文字异形”[①]的紊乱现象，废除了战国时各国重量不一、形制不同的钱币，而代之以“半两”的圆钱。另外以黄金为上币，以溢为单位。

① 许慎：《说文解字·叙》。

货币和度量衡制的统一，是商品货币关系发展的必然要求；货币和度量衡制统一后，又必然反转来促进商品货币关系发展，同时也帮助皇帝掌握全国的经济生活。

三、修治驰道。以国都咸阳为中心，修治了通往全国各重要地区的驰道。主要的干线“东穷燕齐，南极吴楚，江湖之上、滨海之观毕至”[①]。驰道很宽、很坚固，这和罗马帝国以罗马为中心，修筑通往各地的大道有同样的历史意义，便利了皇帝对各地方政府和各地人民的统治。

四、堕毁名城，决通川防。春秋战国时，各国为了防御别国进攻，多在边境上筑有城防，重要的关隘和国都也都筑有高固可以防守的城郭。各国又往往利用修建堤防以“决水灌敌”或“壅水害邻”。所有这些设施都是阻碍交通、妨害统一政权的。秦始皇统一中国后，就堕毁各地的名城，并决通各地的川防。

五、摧抑地方豪强势力，并预防人民反抗。秦始皇虽已统一全国，但六国的旧贵族和各地方的反秦势力并未完全消灭，最后亡国的齐地，更是六国贵族逃亡聚居的渊薮。秦始皇为了防止六国贵族、各地豪强和人民反抗，乃徙天下豪富十二万家于咸阳，收天下兵器，集中到咸阳，铸成了钟、鐻和十二个

① 《汉书·贾山传》。

大铜人。从公元前220年（统一之次年）到前210年（秦始皇死），十年之间，始皇曾五次出巡各地。

在秦始皇时候，还发生过一件大事情，这件事是使秦始皇在中国历史上二千年来蒙受不好的评价的最大原因，这就是“焚书坑儒”。历代儒家最恨秦始皇的一件事，就是他的“焚书坑儒”。

公元前213年，秦始皇在咸阳宫置酒欢宴他的臣僚。当时，仆射周青臣向秦始皇敬酒，并歌颂他的功德，说：“他时秦地不过千里，赖陛下神灵明圣，平定海内，放逐蛮夷，日月所照，莫不宾服。以诸侯为郡县，人人自安乐，无战争之患，传之万世。自上古不及陛下威德。”[①]秦始皇听了，心里很高兴。这些话是拥护秦始皇的统一和集权的。这时，拥护旧制度的博士齐人淳于越却起来说：“殷周之王千余岁，封子弟功臣自为枝辅。今陛下有海内，而子弟为匹夫，卒有田常（春秋战国之际，齐的权臣篡夺了齐的政权）六卿（晋的六卿，后来分割了晋国）之臣，无辅拂（帮手），何以相救哉！事不师古而能长久者，非所闻也！”[②]淳于越是拥护旧制度反对秦始皇的新制度的。以“殷周之王千余岁”为历史例证，支持他的“事

---

① 《史记·秦始皇本纪》。

② 同上。

不师古而能长久者，非所闻也”的结论。

秦始皇叫群臣讨论这一问题。这时李斯已是丞相，他认为这种“不师今而学古，以非当世，惑乱黔首（人民）”[1]的论调，是危害帝国的政权的。他主张应该加以禁止。他从人类历史发展的观点，驳斥淳于越必须以古为师的观点：“五帝不相复，三代不相袭，各以治；非其相反，时变异也。”[2]这意思是说：五帝各有各的一套，各不相同，三代也各有各的一套，各不一样，但他们都把天下治得很好，这是什么道理呢？这是因为办法制度不同。为什么要用不同的办法制度呢？这是因为时代变了；时代变了，制度就得变。李斯是从时代发展上看问题的。

秦始皇接受李斯的意见，决定对以古非今的反动思想加以严厉的禁止。思想如何禁止呢？思想是从书籍中保留下来的。秦始皇和李斯就决定焚书。当时决定的办法是：“史官非秦纪（秦国以外的历史记载）皆烧之。非博士官所职（博士官府以外），天下敢有藏《诗》、《书》、百家语者，悉诣守尉杂烧之。有敢偶语（谈论）《诗》《书》者弃市（拿到市上杀头），以古非今者族（杀全家），吏见知不举者（官吏知道而

---

① 《史记·秦始皇本纪》。

② 同上。

不告发的）与同罪。令下三十日不烧，黥为城旦（城旦由罚作筑城得名）。所不去者，医药卜筮种树之书。”①

从这些焚书和惩罚办法中（藏书不烧，只是黥为城旦，但偶语《诗》《书》的却要弃市，以古非今的却要族），可知焚书是手段，禁止以古非今的反动思想言论才是目的。

焚书的次年又发生坑儒案，秦始皇在咸阳活埋了四百六十个儒生。坑儒虽是因为侯生、卢生为始皇求仙药不得而逃亡，激起秦始皇的恼怒所引起，但秦始皇坑儒的原因却是侯生、卢生在别人面前诽谤他，破坏他的威信。他坑杀四百六十个儒生，也因为他们“为妖言以乱黔首”。

自汉武帝以后，儒家是统治阶级的御用学派，儒家思想是主要的统治思想。这样一来，焚书坑儒便成了秦始皇罪大恶极的罪名了。就秦始皇当时的历史条件来讲，秦始皇、李斯和儒家思想的斗争，是统一与封国的斗争，是进步与反动的斗争，是顺应历史发展与违反历史发展的斗争。当时儒生所抱的政治理想是恢复周代的封国制度，这是反动的；秦始皇所走的路是统一和集权，这是顺应历史发展的。在这一斗争中，“是”是在秦始皇这边的。

总之，秦始皇统一大帝国的建立，是顺应历史发展和符合

① 《史记·秦始皇本纪》。

人民利益的。第一，战国以来，生产力的发展、商品货币关系的发展，要求货币统一，要求度量衡制度统一，要求道路畅通，要求诸侯国与国间的关卡废除，而所有这些要求，只有在一个统一的大帝国中才能实现。第二，只有在统一帝国中才能出现全国的和平局面，才可以解除战争所加给人民的负担和灾害。第三，战国末年，匈奴已逐渐强大起来，常常侵掠北方边境，为北方人民一大害。只有有了统一的帝国，才能有力量巩固北方的边防，保护人民的生活，保障社会生产的进行。所以，秦帝国的出现以及统一后帝国为巩固统一所进行的一切措施，都是有进步意义的，完成这一伟大的统一工作的秦始皇，在中国历史上是有很大的贡献的。秦始皇是应该肯定的历史人物。

当然，肯定秦始皇是在中国历史上有贡献并起了进步作用的人物，并不等于说他已是一个完善的人物。他所建立起来的统一的大帝国，是和历史发展的要求，和生产力发展的要求相适应的，所以是进步的；但由于历史条件的限制，他所建立的这个帝国仍旧是维护剥削制度的，从这一意义上说，它就必然是不完善的。对于历史人物的评价当然也是如此。斯大林同志说过，彼得大帝是伟大的，但比起列宁来，只是沧海中的一粟。我们在估价秦始皇时，应该记住斯大林这句辩证地看历史人物的话。

三　北逐匈奴和南开五岭

匈奴族居于汉人活动地区以北。照司马迁《史记》的记载，匈奴的始祖叫作淳维，是夏后氏的苗裔。这个族自殷周以来，是既居于诸夏各族之北，又散居于诸夏之间。殷时的獯鬻、周时的猃狁、春秋战国时的诸戎，都属于这一氏族集团。在这一段长时期中，它和诸夏族既有斗争又有同化。到战国晚期，一部分散居于诸夏之间的就和诸夏同化，另一部分居于北边的就形成匈奴族。

匈奴族是一个游牧族。主要的牲畜有马、牛、羊。《史记》记他们的生活是："逐水草迁徙，毋（无）城郭常处耕田之业，然亦各有分地。毋文书，以言语为约束。""士力能弯弓，尽为甲骑。其俗，宽则随畜，因射猎禽兽为生业，急则人习战攻以侵伐。"[①]大约在秦以前，匈奴族正处于原始公社解

① 《史记·匈奴列传》。

体过程中父系家长制阶段。

在这个阶段，掠夺是匈奴族的生产活动的形式之一，掠夺和生产对匈奴人的生活来说，是同样重要的。这种掠夺战争对诸夏人是极大的祸患。

战国时代，燕、赵、秦三国与胡人（匈奴）为邻。为了阻止胡人南下，燕、赵、秦都在北边筑起长城来。李牧是战国末期赵国防守长城线以备胡的名将。在秦国坑杀赵国降卒四十万于长平，次年又进兵围邯郸，赵国极为危急的时候，赵国都没敢撤用李牧率领的在北边的军队，可见北方边防的重要。

秦始皇统一全国后，于公元前215年派将军蒙恬发兵三十万北击匈奴，夺取匈奴河南地（今内蒙古自治区河套地区），沿着黄河开辟了四十四县，并以河为塞，筑城戍守。次年又向匈奴进攻，扩地到河以北，占领阳山北段（今内蒙古自治区包头、五原之间）。蒙恬把战国时秦、赵、燕三国所筑的长城衔接起来，依地形险要加以整补，西起临洮，东抵辽东，长万余里。这就是我们最古的伟大长城。秦始皇又从咸阳往北到黄河修筑了一条笔直的大道，边地有警，秦帝国的军队可以迅速地开过去。这样，就大大地巩固了秦帝国北方的国防，保卫了秦帝国人民的生命财产。

战国时代是中原各国居民逐渐融合、土地逐渐开拓的时代。各地人民风俗、习惯、语言、文字原来各不相同，都逐渐向相同的路上走；许多原来是荒僻的地方，也由于移民、垦殖等缘故，逐渐开辟起来。

战国时南方的大国是楚。在南方殖民的主要也就是楚国。但直到楚国灭亡，楚国在南方的发展大体上是只限于长江流域。在西南方面，楚有黔中，大约也只到今湖南西部及贵州边境一些地方。相传楚威王时（公元前339年到前329年）曾使将军庄蹻将兵略地至滇池（在今云南）①。这故事的可靠性，现已难考。即使庄蹻到滇池去的事情是可靠的，也只能说明楚时有人到西南云南一带去过，但结果并没有能使西南一带与中原联系起来。

秦始皇统一后，分天下为三十六郡。在南方的郡，从西到东是：蜀郡、巴郡、黔中郡、长沙郡、会稽郡，仍不出长江流域。秦始皇在北方对匈奴的政策是以攻为守的防御政策，在南方则是积极开拓的政策。公元前214年，秦始皇派军队向南开拓土地，占领了南越地，在这里设立了桂林（在今广西）、象（在今越南民主共和国②北部及广西）、南海（在今广东）三郡。徙罪人五十万戍守五岭（今湖南、广东交界处五岭岳

① 《史记·西南夷列传》。
② 今越南社会主义共和国。下同。——编者注

地。参看《汉书·张耳传》五岭注）。南越地方的居民，主要是越族。殖民到越地去的秦帝国的人民居住在交通线和城市，并且与越人杂居。当时越族人民的文化是比较落后的。秦人的殖民，带来了先进的文化，铁制工具也由秦人传来，这对越人社会历史的发展起了一定的积极作用。

秦在西南方面的开拓，是比较弱的。在这时候，西南一带，北起四川的西北部，南到贵州、云南，居住着很多部落。这些部落，有的过着农业生活，有定居的邑落；有的以牧畜为主，"随畜迁徙"。秦始皇在这方面只能略略开通了一条五尺小道，在有些地方设立了秦的官吏。但秦人的先进文化，在西南区域的影响仍然是不大的[①]。

秦始皇向外开拓的结果，使秦帝国的疆土大大超过前代，初步奠立了我国现有领土的基本部分。秦帝国的疆土："东至海暨（及）朝鲜，西至临洮、羌中（甘肃西部），南至北向户（越南北部），北据河为塞并（傍）阴山至辽东。"[②]在这个大帝国内，有几千万人口使用着同一的文字，有大体相同的文物制度。在公元前3世纪，秦帝国是世界上一个最大的国家，也是文化最高的国家之一。

---

① 《史记·西南夷列传》。

② 《史记·秦始皇本纪》。

四 秦的虐政

秦的统一是符合历史发展的要求的，同时也是符合一般劳动人民的利益的。因为有了统一，国内战争才能免除，劳动人民才能安居乐业地生活下去。秦始皇在他出巡东方的时候，在琅邪刻石和碣石门的刻辞上，就拿出“黔首安宁，不用兵革”和“男乐其畴，女修其业”来自豪。

但这只是问题的一面，秦的统一虽然符合劳动人民的利益，而秦帝国的东方专制主义性质［关于东方专制主义或东方专制政体的问题，请参看《马克思恩格斯论中国》（人民出版社版）中第一篇《古代东方的特点与中国》和日知译马克思遗稿《资本主义生产以前各形态》。马克思所说的东方，主要是指印度和近东的古代国家，但古代中国社会的发展中也有这一因素］和赋役制度却没有能在实践中真正给人民带来安乐和幸福；反之，所带来的却只是痛苦。

秦代农民对国家皇帝的负担，主要的有田租、赋和徭役。秦的租赋比起前代来是重的，董仲舒说，秦时的“田租口赋盐铁之利，二十倍于古”[①]。《汉书·食货志》说，秦统一后，因为“内兴功作，外攘夷狄”，就“收泰半之赋”。人民三分之二的收入要归统治者所有。

最使人民感觉负担重的是徭役。这与秦末农民大起义和秦的灭亡都是有直接关系的。董仲舒说：“月为更卒，已复，为正一岁，屯戍一岁，力役三十倍于古。”[②]“更”的意思是轮流更换，在一定年岁的丁壮男子（汉初一般是自二十三岁到五十六岁），每年要向政府出徭役一个月，叫作更卒。为正一岁是在郡里做兵，屯戍一岁是到边疆戍守或去京城宿卫。秦的租赋徭役，固然不一定像董仲舒所说的是二十倍、三十倍于古，但秦的租赋徭役比前代为重，大约是没有问题的。秦帝国统一后徭役之重，又因下述两种条件而加强：一、徭役是直接的力役形态。秦国原是西方一个小国家，境地狭小，农民直接出徭役，无论到都城或者到边境去，时间都不会过久，事完了就可以回家。秦统一全中国后，帝国境域扩大了，但徭役制度未变，仍然是直接的力役形态，这就有了问题。东南沿海一带

① 《汉书·食货志》。

② 同上。

的农民可能要出役到关中或更远的边地去，如刘邦是沛人，他就曾因出差到过咸阳。又如后来农民起义时，秦将章邯率秦兵降项羽，项羽的兵因从前出役到秦中，曾受秦人的欺辱，这时都来报复。根据上述事情，我们知道东方很多农民曾经远役到关中，这样，往返就要经年亘月，农民的负担和痛苦就自然加重了。二、关中、关东条件不同，把施行于关中的徭役制度推行到关东去，也是有问题的。关中人口比较少，土地广，从商鞅变法以来就奖励开垦，以法令保护耕战之士，即小农，所以关中的农民生活条件比较好。荀子曾到过秦国，他称赞秦国的情况说："佚而治，约而详，不烦而功，治之至也。"[①]农民因为生活条件好，就比较地有能力负担统治者所加的压迫和剥削。关东土地是比较集中的，很多农民失去了土地所有权。《管子·禁藏篇》："户籍田结者，所以知贫富之不訾也。"《韩非子·亡征篇》："公家虚而大臣实，正户贫而寄寓富。"都反映战国时关东农民贫富的不均。这些失去土地的农民，生活本来就已经困难，再加以经年亘月地远出徭役，当然更无法支持了。

秦的刑罚是非常严酷的，单是死刑就有：弃市、腰斩、车裂、坑、磔、镬烹、族、夷三族等。死的固然惨，活的也

① 《荀子·强国篇》。

不容易。徒刑有鬼薪（由古时得罪罚在宗庙取薪得名）、白粲（由原择米使正白得名）、城旦等，都有一定的年限。如鬼薪、白粲是三年刑，完（不髡）城旦是四年刑，髡城旦是五年刑，在政府管领下劳作，实际上就是短期的官奴隶。期满以后才能“免为庶人”[①]。又有“適（谪）遣戍”和“徙谪”的办法，把犯罪的人民编成军队开到边境去防守，或者把犯罪的人徙去实边。又有七科谪，“吏有罪（做官犯罪）一，亡命（逃亡）二，赘婿（男附女家）三，贾人四，故（过去）有市籍五，父母有市籍六，大父母（祖父母）有市籍七”[②]。凡此七科，皆可谪发。秦始皇曾发三十万人北击匈奴，开辟了河南四十四县，徙内地的罪人去居住。南击南越，谪发五十万人。又以“隐宫、徒刑者七十余万人”给他修阿房宫，并在郦山造坟。应该服役的，决难免；不该服役或已经服过役的，又以“谪发”“徒刑”的办法再拉回去服役。秦的徭役造成农民最大的痛苦。

秦代人民生活困苦，加上地主阶级剥削，生活就更加痛苦。从战国以来，商人有产者贵族土地所有制逐渐代替氏族贵族土地所有制。关东的世袭贵族在政治上固以旧身份维持他们

① 《汉书·刑法志》。

② 《汉书·武帝纪》注引张晏语。

的特权，但在经济上、土地占有上，他们也都是逐渐向商人有产者贵族土地所有制转化的；即他们的土地占有，一方面是靠世袭贵族地位，通过分封而取得，一方面也通过买卖而取得。赵括就是世袭贵族大买田宅的明显例子。发展到秦代，土地集中的情形已是"富者田连阡陌，贫者无立锥之地"[①]。失去土地的贫民，就不得不去给地主做雇农或佃农。在租税、徭役、严刑酷法和地主剥削下，秦代农民的生活，可以借《汉书·食货志》和董仲舒的话来说明。《汉书·食货志》描写秦代农民的生活是"男子力耕，不足粮饷；女子纺绩，不足衣服"。董仲舒说："贫民常衣牛马之衣，而食犬彘之食。""赭衣半道，断狱岁以千万数。"[②]在这样的情况下，秦帝国的政权是必然不能持久的。

公元前210年，秦始皇死，幼子胡亥即位，是为秦二世。胡亥是秦始皇的幼子，本不当立，当立的是秦始皇长子扶苏。在秦始皇焚书坑儒的时候，扶苏曾持反对的观点。扶苏认为："诸生皆诵法孔子，今上皆重法绳之，臣恐天下不安，唯上察之。"[③]秦始皇发怒了，就差他到北边去监蒙恬军。公元

---

① 董仲舒语，见《汉书·食货志》。

② 《汉书·食货志》。

③ 《史记·秦始皇本纪》。

前210年，秦始皇出巡东方，死在半路上，当时胡亥是跟随着秦始皇的。秦始皇有遗诏叫扶苏“与丧会咸阳”①，但辅佐秦始皇统一有功的丞相法家李斯，和受有儒家思想影响的扶苏之间有矛盾，他不愿意扶苏做皇帝。宦者中车府令赵高得幸于胡亥，也利于立胡亥，以便乘机窃取权位。李斯、赵高、胡亥合谋，杀死了扶苏、蒙恬以及蒙恬的弟弟蒙毅，胡亥做了皇帝。

以胡亥、赵高为首的秦帝国的皇权，在统治阶级内部就是不得人心的。当时的情况有如胡亥对赵高所讲的：“大臣不服，官吏尚强，及诸公子必与我争。”②胡亥听信赵高的话，采取“贱者贵之，贫者富之，远者近之”的政策，并诛杀大臣及诸公子，巡行全国，查察“郡县守尉，有罪者诛之”③以立威。这样就把整个统治阶级内部秩序搞翻了，也就把自己的统治力量搞垮了。

秦二世对于劳动人民，更是变本加厉地加强剥削和压迫，恢复阿房宫的修建，征调材士五万人为屯卫，多养狗马禽兽。京城食粮草秣不足，由各地转输菽粟刍稿。人民运输粮秣到京城来，路上要吃自己带的粮食。咸阳三百里以内，农民收

① 《史记·秦始皇本纪》。

② 《史记·秦始皇本纪》附《二世皇帝本纪》。

③ 同上。

获的粮食，自己却不能食用。各地政府官吏，使用刑罚也更滥更严厉。

徭役和征调，迫得人民再无生路可走。秦始皇一死，统治阶级内部的斗争又削弱了统治力量。六国潜伏下来的反秦力量也在观望机会起来反抗，大风暴注定要来了。

五　陈胜吴广领导的农民起义

对于秦帝国统治者这样残酷的剥削和压迫，劳动人民是无法忍受的。在秦始皇还活着的时候，社会已显现出不安了。例如公元前211年有陨石落在东郡，人民就在这块大石上刻了“始皇帝死而地分”①几个大字。同年的秋天，秦始皇派赴东方的使者，在回来的路上，有人拦路告诉他说：“今年祖龙死。”②

公元前210年秦始皇死了。第二年七月，中国历史上第一次伟大的农民战争爆发了。“德过三皇、功高五帝”、曾灭六国而统一全国的秦始皇所建立起来的大帝国，在人民群众面前，却显出了它的渺小。在短短的几个月中，这个压在人民头上的大帝国就被打得分崩离析。

---

① 《史记·秦始皇本纪》。

② 同上。

领导这次农民大起义的领袖是陈胜、吴广。陈胜字涉，是阳城（今河南登封）人。吴广字叔，是阳夏（今河南太康）人。陈胜出身雇农，年轻时曾为人佣耕。

公元前209年七月，秦二世发“闾左”谪戍渔阳（今北京密云）。“闾左”是指居住在闾里左边的人。发闾左有两种解释。一种解释说秦时凡免役的人都居闾左，发闾左就是把应该服役的闾右已征发完了，现在把不当服役的闾左也征发了。另一种解释说秦时富强的人居闾右，贫弱的人居闾左，富强的已经发完了，现在来发贫弱的闾左居民了。无论哪一种解释都说明闾左居民是贫苦力弱、无力服役的居民。

有一队要谪戍渔阳的九百多人正屯住在大泽乡（今安徽宿县境）。陈胜、吴广也在这一队人里面。他们因为能干，在这一大队人中做屯长。七月天气，安徽北部正是雨季。这一队人就因雨，道路不通，被困在大泽乡，照规定的期限无论如何赶不到渔阳了。按照秦帝国的法律，不能按期到达戍地的一概要处死。陈胜、吴广商议解救的办法。在他们两个“壮士不死即已，死即举大名耳！王侯将相宁有种乎”的号召下，大家决定起义了。他们杀死督率他们前往渔阳的将尉，就在大泽乡树立了起义的大旗。

起义的条件是具备的。备受秦代虐政统治的人民，有如久久被曝晒了的干柴，这时只要有星星之火就可以燎原。九百人起义以后，一举就攻下了大泽乡，接着又攻下了蕲（今安徽宿县）地，在一个月内就攻下了许多县城。各地农民纷纷起来参加起义军。起义军在进攻到陈（今河南淮阳）地时，已经有车七八百乘、骑兵千余、兵士数万人。占领陈地以后，陈胜召集三老豪杰到陈地来商议大事，到会的三老豪杰都说："将军身被坚执锐，伐无道，诛暴秦，复立楚国之社稷，功宜为王。"[①]于是陈胜立为王，号为张楚（取张大楚国之义），以陈为根据地，建立起义军的政府。各地人民也纷纷起来，杀死秦的官吏，响应陈王。

自从农民军在陈地建立政府以后，六国的贵族、流氓无产者、游侠豪杰之士和一些颂法孔子的儒家知识分子，也都乘时而起。他们有的依附陈胜，如魏公子咎，游侠名士张耳、陈余，曾事春申君和项燕的"陈之贤人"周文，知识分子叔孙通，孔子的八世孙孔鲋等；有的虽然独立起事，却与陈胜保持关系或尊奉其领导，如齐之田儋，楚之项梁、刘邦等。

六国贵族和游侠，对于秦的政权都是不满的。秦统一后，东方各国的贵族势力仍残存着，一时并没有肃清，他们是反抗秦的统治的。秦始皇在位时，就屡次出巡东方，主要就是为了

① 《史记·陈涉世家》。

镇压他们。韩国的贵族张良，家有奴隶三百人，弟弟死了都不去安葬，却拿所有的家财去访求刺客，计划刺杀秦始皇，来为韩国报仇。当时有一句话说："楚虽三户，亡秦必楚也。"①可见旧贵族阶级对秦的统治的仇视，遇有机会他们是要起来反抗的。

游侠从战国以来就是一个很有力量、很活跃的社会阶层，聂政、荆轲的故事以及信陵君、孟尝君等公子养士的故事都是我们所熟悉的。这个阶层的主要来源是在社会经济发展变动中，在政治经济上失败的氏族贵族和公社成员，其中当然又以公社成员的成分为大。游侠就是这一些人当中最活跃的领袖分子。秦统一后，这一阶层的力量也还存在，只是潜伏了起来，像曾事魏公子信陵君的张耳，就隐姓埋名而为里门监②。秦的法令对这一阶层力量自来就是摧残压迫的。从商鞅变法以来，秦的法令就是鼓励耕战之士，对于"怠而贫"不事生产的，要"举以为收孥"（做奴隶）。一有机会，这个阶层当然也会积极地起而反秦。

但是，无论是六国贵族或是游侠，都没有能力独立起事。只有在人民大众发动起来以后，他们才能依附人民大众的力

① 《史记·项羽本纪》。
② 《史记·张耳陈余列传》。

量，兴风作浪，发挥很大的作用。现在农民革命的大军起来了，他们出头之日到了，旧贵族和游侠纷纷起来参加革命。

农民起义军以陈地为中心，向各方面发展。陈胜一面派人四出略地，劝说各地人民及一切反秦力量起来反秦，并攻击各地为秦守城守地不向农民军投降的官吏；一面派兵向西进攻。向西进攻的军队分为三路。一路以吴广为假王（假是代理的意思）监诸将，以荥阳为目的地。荥阳近敖仓，是当时秦在东方最大的仓库。得到荥阳敖仓，就可以解决农民起义军的粮食问题。一路由周文带领向西进攻关中，这是农民军的主力。另外派宋留带兵走南路，从南阳（今河南南阳）入武关，协助周文军取关中。这一路是辅军。

秦将守荥阳的是李斯的儿子三川郡守李由。吴广进兵攻荥阳，久攻不能攻下。

周文一路在攻到函谷关的时候，已经有车千乘、兵卒数十万人。进入函谷关，一直攻到戏（今陕西临潼）地。秦帝国政府以解放做诱饵，发郦山修坟的罪人奴隶，由少府章邯率领去迎击周文。周文兵败自杀。这时由吴广率领进攻荥阳的农民军将领之间，发生内讧，吴广为田臧所杀。田臧留一部分兵力围攻荥阳，以大部分兵力西进迎击章邯的军队。敖仓附近一战，农民军大败，田臧也战死。章邯乘胜解荥阳围，并东击陈。陈胜兵败，为手下赶车的叛徒庄贾所杀。出南阳一路的宋留，闻陈王已死，遂降秦。但统治者对于反抗者是没有仁慈的。这位贪生怕死的投降将军的下场，仍是被槛车送到咸阳车裂了。

陈胜起义于公元前209年七月，死于十二月，前后半年。陈胜、吴广起义军失败的原因，主观方面是农民军领导集团的腐化和内讧。陈胜占据陈地，做了陈王以后，生活就腐化起来。在他的旧日老友劳动农民眼里，他的宫殿帷帐已是："夥颐（东西众多的意思），涉之为王沈沈者！（沈沈，宫室深邃的意思）"[①]陈胜是不大能够容人的，和他一同起事的故人将领被他杀了几个，以致"诸陈王故人皆自引去，由是无亲陈王者"[②]。加以用人不明，诸多猜忌，以致弄得众叛亲离。司马迁评陈胜说："陈王以朱房为中正，胡武为司过，主司群臣。诸将徇地，至令之不是者（不能完全按命令办事的），系而罪之；以苛察为忠。其所不善者，弗下吏，辄自治之。陈王信用之。诸将以其故不亲附，此其所以败也。"司马迁的评论是有道理的。

农民军领袖的腐化和内讧，是受当时具体的历史条件所决

① 《史记·陈涉世家》。

② 同上。

定的。在当时的历史条件下，由于农业生产方面存在的分散性、狭隘性和落后性，由于没有先进阶级的领导，农民军领袖是易于被腐化、分裂的。同时，农民军领袖的腐化和内讧与贵族、知识分子、游侠依附后所起的影响也是有关系的。这些人把他们好享受、争权夺利的思想带到农民军中来，就使得农民军领袖更加可能产生生活腐化的倾向和发生分裂的现象。

其次，农民军中缺乏军事知识和将才也是失败的原因。吴广的失败就是因为他“骄，不知兵权”①。周文虽然做过项燕军中的视日（视日时吉凶以决定行军作战），并且自己说懂军事，但他以几十万之众，乘胜进至戏地，一遇章邯却溃不成军，不得不自杀，从这一点来看，他的将才也是很差的。

就客观方面来看，章邯的大军虽然有一部分郦山徒人和奴产子，但大部分仍是关中秦人，这支军队的战斗力是强的。同时，陈胜派到赵地、燕地、魏地去的人，都在那里组织国家，不和陈胜合作派兵西攻，这就分散了反秦的力量，使陈胜领导的农民军陷于孤立。这些外部条件也构成陈胜失败的原因。

---

① 《史记·陈涉世家》。

六　楚汉相争和汉帝国的建立

陈胜虽然失败了，农民起义军的军事力量和由农民起义带动起来的各地反秦力量却没有被消灭。不过，陈胜领导的农民起义军的失败，却标志着秦末农民起义第一个阶段的结束；这以后的反秦运动，其领导权就转移到以贵族、游侠和小有产者为领导力量的两个集团的手里。

陈胜死时，他派到河北去略地的张耳、陈余，拥护武臣为王，建立了赵国；赵国派赴燕地略地的韩广也建立了燕国；在魏地有以魏公子咎为王的魏国；在齐地有田儋所建立起来的齐国；在楚地则有项梁、项羽和刘邦两支地方起义力量。

在这一群旧贵族、游侠中，有两个在以后的形势发展中占重要地位的人，一个是项羽，一个是刘邦。

项羽，楚下相（今江苏宿迁西）人，是楚国的贵族，世世为楚名将，封于项，故姓项氏。项羽的叔父项梁杀了人，项羽跟随项梁避仇，居住在吴。公元前209年七月，陈胜领导农民起义，九月项羽和他的叔父项梁也就集合吴中子弟，杀秦的会稽（今江苏吴县）守起事，响应陈胜。

刘邦是楚国沛（今江苏沛县）人，出生于农民家庭，他的哥哥种地种得很好。但刘邦本人则嗜酒好色，“不事家人生产作业”[①]，完全是流氓无赖的行径。陈胜起义以后，刘邦也在沛地杀秦沛令，起兵响应。

陈胜死后，项梁、项羽、刘邦等共立楚怀王孙心为楚王。经过几次战争，项梁为秦章邯军所杀，楚地各军一时颇为危急。但章邯认为楚地大体已平，遂撤兵去河北攻赵，项羽、刘邦才得到一个喘息整顿的机会。

整顿之后，楚军又投入战争。楚分两路攻秦，一路由刘邦率领，经南阳武关进攻关中；一路由项羽率领，先去河北救赵，然后西入函谷攻关中。刘邦一路于公元前207年进入咸阳，这时二世已死，秦王子婴在位。刘邦大军到咸阳，子婴投降。过了两个月，项羽大败河北秦军后，也由函谷关进入咸阳。刘邦入关中，一路接受秦郡县守令的投降，入咸阳后，又与秦父老约法三章，废除秦的所有苛法。项羽入关中，一路屠杀，进入咸阳，就杀死秦降王子婴。秦帝国榨取全国人力所建

① 《史记·高祖本纪》。

立起来的咸阳宫殿，也被项羽烧掉。

这时期，项羽的势力是最强的。项羽出身贵族，他所代表的是旧的贵族阶级，他所怀抱的理想，是恢复战国时期诸侯分立的局面。秦亡之后，项羽尊奉楚怀王为帝，自立为西楚霸王，王九郡，都彭城（今江苏铜山），分封作战有功的将领为王，并把齐、赵、魏等国的封地也加以调整。公元前206年四月，诸侯各就国。项羽满以为他这样一安排，封国局面就可以再建，天下就可以大定。他不知道，在当时的条件下，破坏统一的分封制是违反历史发展的要求的。这就注定他要失败。

在项羽的分封中，有四个人很不满意，这四个人就是刘邦、田荣、彭越和陈余。当初楚怀王本与诸将约定，谁先入关亡秦的，就以关中秦地封他为王。刘邦先入关，但项羽嫉忌他，不肯以关中地封他，却说汉中巴蜀也属关中，就封刘邦为汉王，王汉中、巴、蜀，都南郑。田荣、彭越、陈余因不附羽，皆不得封。田荣首先起来反抗，自立为齐王。陈余、彭越继起不承认项羽的分封。在项羽由彭城领兵北上与田荣作战时，刘邦就由汉中还定了三秦（项羽把关中秦地分成三块，分封秦的三个降将为王，史称为三秦）。这以后就成为楚汉相争的局面。从公元前206年到前202年，楚汉相持了五年，最后垓下一战，项羽失败。公元前202年二月，刘邦做了皇帝，建立起汉帝国，中国又归于统一。

项羽的势力本来大大超过刘邦。刘邦能够战胜项羽，取得最后胜利，这是有原因的。第一，项羽所代表的是落后的贵族阶级，这个阶级要求恢复战国的分封局面，这在当时的历史条件下是反动的，而且是注定要失败的。比起落后的项羽来，刘邦代表着更多的阶级的利益。刘邦集团是农民、小市民、地主及游侠集团。项羽到一处屠杀一处[①]，刘邦所到之处却约法省禁。多数的阶层和人民是站在刘邦这方面的。第二，关中在当时是财富之区，司马迁所谓“关中之地于天下三分之一，而人众不过什三，然量其富，什居其六”[②]。刘邦还定三秦后，关中成了他的根据地。项羽没有这样的根据地来支持他。第三，在个人才具上和量才用人上，项羽也是不如刘邦的。刘邦知人善用，对于别人好的意见，能够言听计从，项羽不能。项羽不能以名利与人，刘邦却能满足人的名利要求，所以当时争名求利的野心家都站在刘邦这一边。当然在这三点之中，又以第一点为基本原因，第二、第三各点又是在第一点基本条件的存在下，才发挥作用的。

从项羽、刘邦这两个集团所代表的成分中，也可以看出楚

---

① 参看《汉书》卷三一《项羽传》，及卷三四《韩信传》。

② 《史记·货殖列传》。

汉战争的性质。楚汉战争，在本质上是新旧两种势力的斗争，项羽代表旧的贵族，而刘邦则代表新兴阶级。在秦末起事的贵族势力中，没有一个能和刘邦合作，我们从这一事实中，更可以体会到这一点。

由刘邦所建立起来的汉代，从制度方面说，大体上可以说是秦帝国的延续。刘邦虽是楚人，但他入关以后，便接受了秦的制度。他的大助手萧何就最先努力把秦的典章制度保存下来。汉代和秦代所不同的是刘邦没有像秦始皇那样彻底地废除分封制度，而是在统一帝国之下，部分地恢复了封国制度。

这种措施也是适合当时的具体历史条件的。统一虽然已是历史发展的要求，但封国还有很强的传统力量[①]，同时也有它的物质基础。商品货币关系的发展，虽使各地区在经济上发生联系，因而产生政治上统一的要求；但当时的社会经济，其生产组织是小规模的，生产手段是简单的、分散的，所以基本上各地区的经济仍是自给自足的，仍有很强的独立性，因而在政治上也就有很强的独立、半独立的要求。这是封国制度的物质基础。所以刘邦统一后，就不能不暂时和地方分权势力妥协，在统一帝国下，部分地恢复封国制。

汉初的封国，有王、侯两等，所谓：“汉封功臣，大者

① 参看《汉书·张耳陈余列传》。

王，小者侯。”[1]王国是在皇帝直接领地以外所建立的大国，侯国是在皇帝直接领地之内或在王国领地之内所封立的小国。在疆土上，汉初的王国像战国时代的诸侯一样，都是跨州连郡的。皇帝的直接领地是：“三河、东郡、颍川、南阳，自江陵以西至蜀，北自云中至陇西，与内史，凡十五郡。”[2]只比战国末年的秦国稍许大一些。这“以东尽诸侯地，大者或五、六郡，连城数十”[3]。如刘邦的庶长子刘肥封为齐王，有七十余城。兄子刘濞封为吴王，有三郡五十三城。当时封侯的功臣小国有一百四十三人。大乱之后，户口减少，当时受封的侯国，“大侯不过万家，小者五六百户”[4]。

轰轰烈烈的农民起义大风暴过去了，社会秩序又安定下来了。新的汉帝国代替了旧的秦帝国，新贵代替了旧贵。从农民战争中起家的刘邦及其核心集团，成为新的统治阶级。毛泽东在《中国革命和中国共产党》里曾经指出，中国历史上的农民革命，“由于当时还没有新的生产力和新的生产关系，没有新的阶级力量，没有先进的政党，因而这种农民起义和农民战争得不到如同现在所有的无产阶级和共产党的正确领导，这样，

---

① 《汉书·诸侯王表》注引项羽语。

② 《史记·汉兴以来诸侯王年表》。

③ 同上。

④ 《史记·高祖功臣侯者年表》。

就使当时的农民革命总是陷于失败，总是在革命中和革命后被地主和贵族利用了去，当作他们改朝换代的工具”[①]。秦末农民起义的失败和汉帝国的建立，给我们一个具体的事例，来体会毛泽东的指示的正确。

① 《毛泽东选集》第二卷，人民出版社1952年第2版，第619页。

七　一个休养生息的粗安时代

从公元前209年陈胜、吴广发动农民大起义起到公元前202年刘邦击败项羽即皇帝位止，前后经过了八年的战争。农民起义反秦时，秦派军队向农民军进攻，到处屠杀。楚汉相争的五年中，人民死亡更多。在这几年中，社会生产力遭受很大破坏，所以在刘邦建立起汉帝国的时候，社会上到处呈现出田园荒芜、人口稀少、满目荒凉的景象。《汉书·食货志》记载汉初人民和帝国的经济穷困说："汉兴，接秦之敝，诸侯并起，民失作业，而大饥馑，凡米石五千，人相食，死者过半。高祖乃令民得卖子就食蜀汉。天下既定，民亡（无）盖臧（无物可盖藏），自天子不能具醇驷（不能弄到四匹一色的马拉车），而将相或乘牛车。"城市经济破坏的情况也是令人吃惊的。《史记·高祖功臣侯者年表》记载："天下初定，故大城名都散亡，户口可得而数者十二三。"如曲逆城（今河北完县东南），在秦时原有三万户，到汉初就只有五千户了。而刘邦过曲逆时还说："壮哉县，吾行天下独见洛阳与是耳。"[1]

在这样一个生产破坏、经济衰落的基础上所建立起来的汉帝国，首要任务就是增加生产，安定社会生活。人民的要求就是希望有一个安定和平的局面，能够垦殖田园，好好生活下去。刘邦起自民间，深知人民的要求；他参加过农民起义，也深知人民力量的伟大。所以在战争结束，全国复归统一以后，刘邦立即下令复员，使将士解甲归田，并下令对于解甲归田的兵士，尽先给以土地。在战争中逃亡山泽没有附籍的，刘邦也下诏要他们回返故乡附籍，并给还他们原有的田宅和爵位[2]。同时，采取休养生息的政策，尽量减轻劳动人民的租税徭役负担，减轻田租为十五而税一，爵第七公大夫以下本人和一家之内都不再出徭赋。这样一来，"百姓无内外之繇，得息肩于田亩"[3]。

在让人民安居生产的要求下，战国以来主张清静无为的黄老思想又抬起头来，成为汉初统治阶级进行统治的指导思想。

老子的政治思想是主张无为而治的，他说："我无为而

① 《史记·陈丞相世家》。
② 《汉书·高帝纪》。
③ 《汉书·循吏传》。

民自化，我好静而民自正，我无事而民自富，我无欲而民自朴。”黄帝是古史传说中的一位帝王。那时还没有文字，他自然不会有什么思想学说留传下来。但战国时代的《庄子》和《吕氏春秋》上却假托了一些话，说这些话是黄帝说的，并且说黄帝也是主张清静无为的。

汉初从曹参起，一直到武帝初年起用儒生止，五六十年间，执政者大抵是信奉黄老、主张无为而治的。

曹参于公元前201年，做刘邦的庶长子齐王肥的丞相。时“天下初定，悼惠王（即齐王肥）富于春秋（年轻），参尽召长老诸生，问所以安集百姓，如齐故俗。诸儒以百数，言人人殊，参未知所定（不知谁的话对）。闻胶西有盖公，善治黄老言，使人厚币请之。既见盖公，盖公为言治道贵清静，而民自定，推此类，具言之。参于是避正堂，舍盖公焉。其治要用黄老术，故相齐九年，齐国安集，大称贤相”[1]。

公元前193年（惠帝二年），曹参入为汉帝国的相国，又把清静无为这一套带到汉帝国政府来。“举事无所变更，一遵萧何约束。择郡国吏木诎于文辞重厚长者，即召除为丞相史；吏之言文刻深，欲务声名者，辄斥去之。”[2]

---

① 《史记·曹相国世家》。

② 同上。

不多生事，不扰民，让人民有一个休养生息的机会，这种政策是符合人民的要求的，因而在汉初也是成功的。在劳动人民的努力生产下，汉初的经济就慢慢好转起来。《汉书·高后纪赞》说："孝惠高后之时，海内得离战国之苦，君臣具欲无为，故惠帝拱己，高后女主制政不出房闼，而天下晏然，刑罚罕用，民务稼穑，衣食滋殖。"

文帝、景帝时，继续执行惠帝高后时的休养生息、安集百姓的政策。文帝、景帝（公元前179年到前141年）在位的四十年，是汉初继惠帝高后之后又一个政治上安定、经济上发展的时期[①]。因为政治上安定、经济上发展，人民的生活自然也是安定向上的。这一时期在历史上就博得了一个"文景之治"的雅号。

就历史事实方面来看，文景时期的被人称赞，也是有道理的。所谓"文景之治"，我们可以从三方面去理解：

一、文景两朝的政策，减轻了劳动人民的负担，继续安定了劳动人民的生活。公元前178年（文帝二年）下诏"赐天下

① 文景时期是政治经济上的发展期，但在前期，继大战之后，社会还是相当贫困的。文帝十六年策贤良文学之士，晁错答曰："陛下……临治天下，至今十有六年，民不益富，盗贼不衰，边境未安。"（《汉书》卷四九《晁错传》）

民今年田租之半”[①]，即由原来的十五税一，改为三十税一。公元前168年又诏“赐农民今年租税之半”[②]。第二年，又根本免除了田租[③]，一直到公元前156年（景帝元年）才恢复三十税一。自公元前167年到前157年十一年中没有收过田租。人头税也有减轻。汉代人头税称为算赋，从十五岁到五十六岁，每人每年出一百二十钱，称作一算[④]。文帝时减为民赋四十[⑤]。徭役也有减轻，原为一年一役的徭役，改为“男三年而一事”[⑥]。

二、文帝时的政策，协调了统治阶级内部功臣、宗室封国和皇权的关系。当时，在政治上，汉帝国朝廷以内存在功臣这一势力，朝廷以外，有已渐形成分离势力的封国。皇权和这两种势力都有矛盾。文帝对这两种势力努力采取妥协的政策，以求得政治上的相安无事。

三、文帝自奉是很俭朴的。《汉书·文帝纪赞》说他：“即位二十三年，宫室、苑囿、车骑、服御，无所增益，有不便辄弛以利民。尝欲作露台，召匠计之，直百金。上

① 《汉书·文帝纪》。

② 同上。

③ 《汉书》卷四九《晁错传》；晁错在文帝贤良对策中有“农民不租”句，足证文帝时实曾免田租，疑其非实者，误也。按此答在文帝十六年。

④ 《汉书·高祖纪》注引《汉仪注》。

⑤ 《汉书·贾捐之传》。

⑥ 同上。

曰：‘百金，中人十家之产也。吾奉先帝宫室，常恐羞之，何以台为。’身衣弋绨，所幸慎夫人衣不曳地，帷帐无文绣，以示敦朴为天下先。”

文景之治，突出的表现是在文帝时，景帝也能遵奉其父业。就历史上的皇帝论，文、景是属于好的一类的。

经过汉初惠帝、高后、文帝、景帝时的安集和恢复，到公元前140年武帝即位时，我们已看到一个富庶的社会。《汉书·食货志》描述武帝初年的社会情况说：“至武帝之初，七十年间国家亡事，非遇水旱，则民人给家足，都鄙廪庾尽满，而府库余财。京师之钱，累百巨万，贯朽而不可校。太仓之粟，陈陈相因，充溢露积于外，腐败不可食。众庶街巷有马，仟伯（阡陌）之间成群，乘牸牝者摈而不得会聚，守闾阎者食粱肉，为吏者长子孙（做官做得时间久，子孙都长大成人），居官者以为姓号（如管仓的做得久了，就姓了仓）。人人自爱而重犯法，先行谊而黜愧辱焉。”

八　匈奴的强大

在秦末汉初，中原正在多事的时候，匈奴族又强大起来。

这时期，匈奴出了两个出名的单于，一个是头曼单于，一个是头曼的儿子冒顿单于。头曼乘秦帝国瓦解崩溃、北方的边防松弛的时候，又稍稍向南发展，夺回一些在秦始皇时所失去的土地。冒顿杀了他的父亲头曼自立。他率领匈奴族东边灭掉东胡，西边击走大月氏，向北威服了丁零，向南击破了楼烦、白羊，完全夺回以前被秦帝国所占去的黄河以南的土地，使匈奴的领地西接氐、羌，东至上谷（今河北西北部）以东。匈奴空前地强大起来。

冒顿时代，匈奴族似仍在家长奴隶制阶段，但开始向奴隶制社会发展，阶级分化扩大，有了初步的国家形态。《史记·匈奴列传》说："自淳维（匈奴的始祖）以至头曼，千有余岁，时大时小，别散分离，尚矣！其世传不可得而次云。然至冒顿而匈奴最强大，尽服从北夷，而南与中国为敌国，其世传国官号乃可得而记云。”

匈奴最高的首领称单于（单于，广大的意思）。其下，“置左右贤王、左右谷蠡王、左右大将、左右大都尉、左右大当户、左右骨都侯。匈奴谓贤曰‘屠耆’，故常以太子为左屠耆王（即左贤王）。自如左右贤（王）以下至当户，大者万骑，小者数千，凡二十四长，立号曰‘万骑’。

“诸大臣皆世官。呼衍氏、兰氏，其后有须卜氏（呼衍氏、须卜氏常与单于通婚姻），此三姓，其贵种也。

“诸左方王将居东方，直上谷（今河北省西北部）以往者，东接秽貉、朝鲜；右方王将居西方，直上郡（今陕西省北部）以西，接月氏、氐、羌；而单于之庭直代、云中（今山西省北部）。各有分地，逐水草移徙。而左右贤王、左右谷蠡王最为大国，左右骨都侯辅政。

“诸二十四长，亦各自置千长、百长、什长、裨小王、相、封都尉、当户、且渠之属。岁正月，诸长小会单于庭，祠。五月，大会茏城（《汉书》茏作龙），祭其先、天地、鬼神。秋，马肥，大会蹛林，课校人、畜计。

“其法：拔刃尺者死，坐盗者没入其家。有罪，小者轧，大者死。狱久者不过十日，一国之囚不过数人。……其送死……近幸臣妾从死者，多至数千百人。（《汉书》作数十百人。师古《注》解释说：或数十人或百人。）……其攻战，斩首虏，赐一卮酒，而所得卤获，因以予之；得人以为奴婢。故其战，人人自为趣利。”

上面引的是《史记·匈奴列传》中的一段记载。就这段记载来分析，我们可以看出：

一、匈奴族的社会组织仍然是以氏族部落为单位的，这种氏族部落组织同时也就是军事组织。这种情况，在氏族部落时期几乎是通例。马克思说：“公社所遭遇的困难，只是由于其他公社所引起，或者其他公社先已占领了土地，或者其他公社到这公社已占领的土地上来骚扰这个公社。所以战争成为或者由占领生存的客观条件，或者由保护并永久保持这种占领物所要求的一种重要的共同任务，一种巨大的共同工作。这就是为什么这种由家族组成的公社最初时期是按军事方式组织成的，像军事组织或军队组织一样。”[1]汉初这时期，匈奴族的武装虽然在实质上已经是贵族统治者的武装，但形式上仍然是氏族部落的武装。氏族贵族阶级是通过氏族部落组织而使这种氏族部落武装为它服务的，它自己的超越社会之上的特殊的社会权

① 马克思：《资本主义生产以前各形态》，人民出版社1956年版，第8页。

力——武装力量还没有创造出来。

二、由“有罪，小者轧，大者死。狱久者不过十日，一国之囚不过数人”看来，为国家构成所需的监狱及各种强制机关还没有确立。同时，为国家构成所需的租税制度，似乎也没有建立起来。

三、氏族部落内部已经有阶级分裂，单于、诸大臣、各王侯都是世袭的，他们合起来组成了氏族贵族阶级。奴隶制已经出现了，族内犯罪的人罚作奴隶，族外俘虏也作为奴隶。从其送死，“近幸臣妾从死者，多至数十百人”知道奴隶是大量存在的，但也从这里知道奴隶还没有成为社会生产的主要担当者。

所以，就历史发展的阶段看，虽然在秦汉之际的冒顿单于时代，匈奴族的社会发展向前迈进了一步，表现了一些由原始公社氏族部落制向奴隶制社会过渡的现象，有了初步的国家政权——部落国家的组织形态，但究竟能不能说匈奴族原始公社已经结束，或已经进入奴隶社会，还有待进一步的研究。

就人口来说，匈奴族的人口是不多的。汉初投依匈奴的汉人中行说曾说：“匈奴人众不能当汉之一郡。”[1]匈奴族的部落组织就是军事组织，壮丁都是要服兵役的。史籍记载匈奴最

① 《汉书·匈奴传》。

盛的冒顿时代有“控弦之士三十余万”[1]，如果以一家五口出一壮丁计算，匈奴的总人口大约在一百五十万。

强大起来的匈奴，乘中国内部多事，就时时侵犯中国的北部燕、代等地（今河北和山西的北部）。

刘邦打败项羽以后，曾打算乘胜和匈奴打一仗。公元前201年，匈奴攻马邑（今山西朔县境），韩王信降匈奴。次年刘邦亲自领兵三十二万击韩王信，被匈奴四十万众围于平城（今山西大同东北）之白登，几乎被匈奴所掳。刘邦知道他的久经战乱疮痍满目的帝国，没有能力战胜匈奴，于是听了娄敬的建议，采取与匈奴和亲的办法，与匈奴讲和。所谓和亲，就是把女儿嫁给匈奴单于，还年年把一些汉帝国所出产而为匈奴所宝贵的絮缯、酒、食物等送给匈奴，以规定的奉送的形式换取匈奴的不来掠夺。名之为和亲，实质上则是屈辱的贡纳。

匈奴接受汉家和亲的提议，接受汉帝国的贡纳，但并不减少他对北方边境的侵害和骚扰。絮缯、酒食收到了，照样来北方掠夺。同时，冒顿单于对汉帝国是轻视的，甚至是奚落侮辱的。刘邦死了以后，冒顿给吕后写信说：“（我）生于沮泽之中，长于平野牛马之域，数至边境，愿游中国。陛下独立，孤偾（音愤）独居，两主不乐，无以自虞（娱）。愿以所有，易

① 《汉书·匈奴传》。

其所无。”[1]对于这样侮辱的来信，吕后也只能忍辱含垢地回答说：“年老气衰，发齿堕落，行步失度，单于过听，不足以自污。弊邑无罪，宜在见赦。窃有御车二乘，马二驷，以奉常驾。”[2]

文帝、景帝时是继续采取和亲政策的。但匈奴的侵扰从没有停止过。从晁错对文帝的话中，可以看出当时匈奴为害之大。他说：“汉兴以来，胡虏数入边地。小入则小利，大入则大利。高后时再入陇西，攻城屠邑，驱略畜产。其后复入陇西，杀吏卒，大寇盗。……自高后以来，陇西三困于匈奴矣。”[3]公元前166年（文帝十四年），匈奴“十四万骑入朝那、萧关（今甘肃固原东南），杀北地（今甘肃宁县西北）都尉卬，掳人民畜产甚多，遂至彭阳（今甘肃镇原东），使奇兵入烧回中宫（今甘肃固原境），候骑至雍甘泉（今陕西淳化西北）”[4]。公元前158年（文帝后元六年），匈奴侵扰上郡、云中，所到杀掠很惨。匈奴又入代、句注，烽火通于甘泉。汉军屯驻长安西细柳、渭北棘门、霸上以备胡。汉都长安，匈奴一来，长安都紧张起来，需要设防，可见匈奴对汉威胁之大。

① 《汉书·匈奴传》。
② 同上。
③ 《汉书·晁错传》。
④ 《史记·匈奴列传》。

汉高祖、惠帝、高后、文帝、景帝五代，对匈奴都没有办法。这固然是因为汉初经济尚待恢复，国家力量不够，同时也是由于封国势力大，削弱了汉帝国中央政府抵抗外来侵略的力量。回击匈奴，是要等待统一集权的皇帝的。

九　皇帝、封国的斗争

西汉初年封国制是有它的物质基础的。它的物质基础就是各地区在经济上的自给自足性；同时，封国制的传统力量也还很强，刘邦的功臣都要求分封，这就使得汉帝国政府不得不对封国势力暂时让步。

但随着生产的恢复、商品货币关系的发展和各地区间经济关系的加强，皇权和封国制的斗争，就逐渐由隐藏到显露地发展起来。

刘邦曾分封了他的几个大功臣为王：以齐王韩信为楚王，以彭越为梁王，故韩王信为韩王，英布仍为淮南王，臧荼仍为燕王，张敖仍为赵王，改封衡山王吴芮为长沙王。这些王国的土地都是跨州连郡的。

有了这些异姓王国，汉帝国就大受威胁，所以项羽死后不久，刘邦和这些封国功臣就展开了斗争。从公元前202年（刘邦打败项羽即皇帝位的一年）到前195年（刘邦死的一年）七年之间，刘邦次第把燕王臧荼、楚王韩信、韩王信、梁王彭越、淮南王英布都消灭了。

在刘邦时代，封国制的物质条件是没有大改变的，所以异姓封国被消灭了，同姓封国却随着建立起来。刘邦消灭了一个异姓功臣王国后，就在原地区建立一个同姓王国，封自己的子弟为王。到刘邦死时，已立了这样一条规定：“非刘氏而王者，若无功，上所不置而侯者，天下共诛之。”[①]

汉初的王国不但疆土广阔，权力也是很大的。在官制上，这些王国所设置的官职俨然和汉帝国的政府一样，有丞相、御史大夫、中尉、二千石等。在最初，甚至封国的丞相也称相国，如曹参开头就是齐国的相国。封国的官吏，除丞相由汉皇帝任命外，自御史大夫以下诸官皆由封国的国王自己选用[②]。封国内的租、赋、徭役都归封国自己收取[③]。封国都有自己的纪元，不用汉皇帝的纪元。封国对皇帝的义务，只是按时去朝觐，每年缴纳献费[④]。封国国王权力最受限制的，恐怕是在军

① 《史记·汉兴以来诸侯王年表》。

② 见《汉书·高五王传赞》。

③ 见《汉书·高祖纪下》。

④ 同上。

权方面，没有皇帝的虎符，封国国王不能擅自发兵[①]。

惠帝、高后时期，汉帝国和各封国除去个别的斗争外，大体上是相安无事的。因为在这一时期，汉帝国和各封国都是忙着自己国内经济的恢复和社会秩序的安定。到文帝时，皇权与封国的矛盾就逐渐显露了。

文帝时的一位思想家贾谊已经看出封国问题的严重。他向文帝上疏，指出当时的事势，有“可为痛哭者一，可为流涕者二，可为长太息者六”[②]。他所谓可痛哭者就是指的封国问题。他把封国之强大，比作人身上的瘇病。他对文帝说：“天下之执（势），方病大瘇。一胫之大几如要（腰），一指之大几如股。平居不可屈信（伸），一二指搐，身虑亡聊。失今不治，必为锢疾，后虽有扁鹊，不能为已。”[③]

贾谊指出亲族是不足恃的，当他没有力量的时候，就是外人也会表示服从，当他有了力量的时候，就是亲兄弟也会起来反抗。他说：“臣窃迹前事，大抵强者先反。淮阴（韩信）王楚最强，则最先反。韩信（韩王信）倚胡则又反，贯高因赵资则又反，陈豨兵精则又反，彭越用梁则又反，黥布用淮南则又

① 《史记·齐悼惠王世家》。
② 《汉书·贾谊传》。
③ 同上。

反。卢绾最弱最后反。长沙乃在二万五千户耳，功少而最完，势疏而最忠，非独性异人也，亦形势然也。曩令樊（哙）、郦（商）、绛（周勃）、灌（婴）据数十城而王，今虽以残亡可也。令信（韩信）、越（彭越）之伦列为彻侯而居，虽至今存可也。然则天下之大计可知已。”①

根据这种看法，贾谊主张以“众建诸侯”的办法来解决封国问题。他向文帝建议：“欲天下之治安，莫若众建诸侯而少其力。力少，则易使以义；国小，则亡邪心。令海内之势，如身之使臂，臂之使指，莫不制从。……令齐、赵、楚各为若干国，使悼惠王、幽王、元王之子孙毕以次各受祖之分地，地尽而止。及燕、梁它国皆然。”②

然而文帝的时代，封国与皇权间的矛盾虽然已逐渐显露，但还没有达到尖锐化的程度。贾谊的主张很得文帝赞许，文帝也曾分齐国为六个国，分淮南为三个国。但贾谊的主张提出来的时代毕竟早了些，封国诸侯和功臣们对于主张强化君主权的贾谊是不高兴的。在他们的反对下文帝不得不疏远贾谊，而贾谊的命运也就决定只有伤时不遇地死去。

由于条件的成熟——一方面是社会经济已经恢复，皇权的

---

① 《汉书·贾谊传》。

② 同上。

基础已经巩固，这就必然要求扩大皇帝的权力；另一方面王国经济的恢复和发展，也要求对皇权干涉者起而反抗，要求变王国为帝国，因此封国与皇权的矛盾到景帝时便爆发了。

景帝即位后，用晁错为御史大夫。在文帝时，晁错就曾建议削诸侯土地，文帝未能用。但文帝很赏识晁错，就派他为太子（即景帝）家令，得幸于太子，号曰智囊。景帝一即位，晁错就再建议削诸侯地，他说："昔高帝初定天下，昆弟少，诸子弱，大封同姓。故孽子悼惠王王齐七十二城，庶弟元王王楚四十城，兄子王吴五十余城。封三庶孽，分天下半。今吴王……骄恣，公即山铸钱，煮海为盐，诱天下亡人谋作乱逆。今削之亦反，不削亦反。削之其反亟祸小，不削之其反迟祸大。"①景帝采用晁错削地的建议，开始削诸侯地。公元前154年（景帝三年），以罪削楚王东海郡，削赵王常山郡，削胶西王六县。削地就要削到当时势力最强的吴国头上来了，吴王濞遂联合楚、赵、胶西、胶东、淄川、济南，以诛晁错为名，七国共同起兵反抗。

吴王濞是刘邦的哥哥刘仲的儿子。刘邦破黥布后，患吴会稽强悍，乃立濞为吴王以镇之。

吴地是富饶的。章郡有铜山，吴王濞就招致天下亡命之徒

① 《汉书·吴王濞传》。

即山铸钱。吴东边靠海，又可煮海水为盐。铸钱煮盐成为政府的两大收入，吴王不向人民征收租赋，政府府库就已经很富足。

文帝时，吴太子入朝，和汉皇太子（即后来的景帝）下棋，吴太子不恭敬，为皇太子提局盘打死。这回事件，破坏了吴王和汉帝的感情，吴王从此称病不朝。景帝即位，削诸侯地这问题一来，吴就联合楚赵等国起而反抗了。当然，打死吴太子对于吴国和汉皇室的恶化是有关系的，但吴国起兵的真正原因，则在于封国和皇权的矛盾。

吴王濞自公元前195年封于吴到公元前154年起兵，做吴王已四十年。有四十年的积储，吴起兵时是兵精粮足的，同时又联合了楚赵等国，力量是很强大的。所以吴楚七国之乱，可以看作汉初皇权和封国斗争中的一场决战。

汉帝国领兵迎击吴楚军的是周亚夫。周亚夫领兵走到洛阳，看到当时的大侠剧孟并没有投附吴王，很是高兴。他说："七国反，吾乘传（车）至此，不自意全（自己都没有想到可以安全到达洛阳）。又以为诸侯已得剧孟，孟今无动，吾据荥阳，荥阳以东无足忧者。"[1]剧孟只是一个游侠首领，为什么周亚夫看见他没有投附吴王就这样喜欢呢？这一方面因为

① 《汉书·吴王濞传》。

游侠这一阶层在这时还是一个很有力量的阶层；另一方面主要的是因为吴王濞一向是以能招诱天下亡命之徒即山铸钱出名的，剧孟不参加吴王濞的起兵，证明吴王濞并没有真的得到游侠这一阶层拥护，所以周亚夫那样高兴。

周亚夫所采取的战略是守。他引大兵过梁，屯在昌邑（今山东金乡），而让吴去进攻梁。梁是景帝的弟弟梁孝王的封国（治地在今河南商丘南），在这次战争中是站在汉帝国这方的。

吴王濞倾全国兵，男子年十四岁以上到六十二岁，皆从军。出发时有兵二十万，西过淮河，与楚兵会合。当时吴大将军田禄伯向吴王濞建议，愿领兵五万人别出江淮，入武关，与大军会关中。吴王不能用。又有人以为：吴楚多步兵，步兵利于山险地带作战；汉兵多车骑，车骑利于平地作战，因此建议吴王派人领兵急行，直抵洛阳，占据洛阳武库及敖仓，把汉军阻止在洛阳以西山岳地带。能如此，关东形势已定，然后再徐图关中。吴王又不能用。吴王领兵至梁，久攻不下，周亚夫又坚壁不出战。吴粮尽，遂大败。吴王濞逃至东越，为东越人所杀。七国起兵，吴楚为主，吴楚兵败，其余也次第为汉兵所击败。

吴楚七国之乱，是汉初皇权与封国矛盾发展中的决战，也是汉初封国权力消长中的一个关键。吴楚失败之后，皇权压倒封国权力。吴楚起事之前，封国是半独立性的，封国的官职，有如汉朝廷，除丞相由汉朝廷任用外，封国国王得自己任用官吏。吴楚七国之乱以后，封国国王在国内的权力大受限制，主要的官吏皆由汉朝廷任用，这些官吏的地位降低，不能和朝廷的官吏相比。人员也大大减少。《汉书·百官公卿表》关于这种情况说："景帝中五年（公元前145年），令诸侯王不得复治国，天子为置吏。改丞相曰相。省（取消）御史大夫、廷尉、少府、宗正、博士官。大夫、谒者、郎、诸官长丞皆损（减少）其员。"所以这以后，诸侯国家虽仍存在，但诸侯王实际上已经没有政治权力了，封国的行政权完全落到皇帝委任的官吏的手里。

一〇　武帝和汉帝国（上）

公元前141年，景帝死，他的十六岁的儿子刘彻即位。这位年轻的小皇帝就是日后中国历史上有名的汉武帝。

前面我们已经指出，经过汉初数十年的休养生息，到武帝初年，汉帝国已是一个富庶的大帝国，在政府府库里已积储了大量的财富，国力也强大起来。史称武帝“遭值文景玄默，养民五世，天下殷富，财力有余，士马强盛”①。在这殷富和强盛的基础上，武帝再也不能像他的父亲和祖父一样，做一个拱己南面、主张清静无为和屈辱和亲的皇帝了，他是必然要有一番作为的。

吴楚七国失败后，封国势力必然没落的形势已定。武帝继续他父亲的措施，更彻底地打击了封国权势②。武帝打击封国

① 《汉书·西域传》。

② 参看《汉书》卷五三《景十三王传·中山王胜传》。

的手段，主要是采取主父偃建议的“推恩”的办法，使封国逐渐由大变小。主父偃对武帝说：“今诸侯或连城数十，地方千里。缓则骄奢，易为淫乱；急则阻（依仗）其强而合从（纵）以逆（侵犯）京师。今以法割削，则逆节萌起，前日晁错是也。今诸侯子弟或十数，而適（嫡）嗣代立，余虽骨肉无尺地之封，则仁孝之道不宣。愿陛下令诸侯得推恩分子弟以地侯之，彼人人喜得所愿，上以德施，实分其国。必稍自销弱矣。”[1]主父偃的办法是综合了贾谊的“分”和晁错的“削”两种办法而产生的。诸侯王国分出土地来封子弟为侯，但这些侯国却直接由汉帝国在各地的郡来管领，不再受王国的管领[2]。这样一来，封国的土地当然越来越小，势力也就越来越弱了。

另外，武帝又以严厉的办法，夺削侯国封君的爵位。汉时有饮酎礼（酎是一种纯酒），皇帝每年八月会诸侯庙中，使诸侯出金助祭，谓之酎金。武帝使少府察看诸侯的酎金，如果成色不好，便要受夺爵的处分。武帝时列侯因酎金成色不好而被夺爵的有百余人。据统计，汉兴功臣封侯的有一百四十三人，到武帝太初年间（公元前104年到前101年）就只剩下五人了，

① 《汉书·主父偃传》。

② 《汉书》卷五三《景十三王传·中山王胜传》。

其余的都坐法殒命亡国。武帝时因功封侯的有七十五人，终武帝之世失侯的就有六十八人。采取推恩的办法，王子弟封侯的有一百七十五人，但终武帝之世，失侯的也有一百一十三人。

除了缩小封国的土地和削弱封国的权力外，武帝还从打击地方豪强和加强控制地方政府等方面来巩固皇帝的权力。游侠豪强是武断乡曲的力量，是专制主义所不能容的，秦始皇就曾以严厉的政策打击各地的豪强，他曾徙六国之后十二万户于咸阳。刘邦统一后，也曾徙“齐诸田，楚昭、景、屈，燕，赵，韩，魏后及豪杰名家”①十余万口到关中。刘邦以后直到武帝，皇权的中央政府都执行这种政策。武帝徙关东豪强到茂陵时，主父偃的一段话，最足以说明专制皇帝徙人的用意。他说：“天下豪杰兼并之家、乱众之民皆可徙茂陵。内实京师，外销奸猾，此所谓不诛而害除。”②对于比较安分的豪强是徙，对于力量强而危险大的，就采取杀的高压政策。景帝、武帝时出了几个有名的酷吏，这些酷吏多半以能打杀豪强出名。景帝、武帝时酷吏打杀豪强的史实，具体地表现了专制政体和豪强间的矛盾。

秦时各郡有监御史，是皇帝派在各郡监察郡守和地方官吏

① 《史记·刘敬传》。

② 《汉书·主父偃传》。

的官，汉初把它取消了。到武帝元封五年（公元前106年）又置部刺史，以六条察郡。六条中一条是察地方豪强是否田宅逾制，以强凌弱，以众暴寡；四条是察二千石（郡太守）是否遵承典制，或侵害百姓；又一条是察二千石是否和豪强勾结，行贿损法。所以武帝时的部刺史，其职能大约同于秦的监御史，是代表中央控制地方的。

武帝时候，不仅加强了中央对地方的控制，皇权对地方豪强的打击，同时，就皇帝个人的独裁说，也有了进一步的发展。汉初，丞相的权位是极重的，不必申奏皇帝许可，丞相有权杀二千石的大官。武帝开始裁抑丞相权力，把政治大权完全集中在皇帝手里。因为皇帝个人权力的强化，原来不过是少府属下的小官，在皇帝左右办事的侍中、尚书，在政治上的地位就慢慢重要起来。

在当时的情形下，适应于汉初生产恢复时期的那一套黄老术，清静无为的统治办法，已不合武帝时期的要求了。主张君主集权，主张大一统，主张政府应该积极有所作为的儒家思想便起而代之。

能够适应当时的要求，起而使儒家思想代替黄老思想，成为统治阶级主要统治思想的最重要的人物是董仲舒。他是一个治《春秋公羊传》的儒者。景帝时他做博士。武帝即位，举贤良文学之士，前后有几百人。董仲舒以贤良对策。他以大一统思想来附会解释《春秋》，说孔子作《春秋》就是主张大一统的，从而提出：“《春秋》大一统者，天地之常经，古今之通谊也。今师异道，人异论，百家殊方。指意不同，是以上（皇帝）无以持一统。……臣愚以为诸不在六艺之科、孔子之术者，皆绝其道，勿使并进。”[1]这完全是李斯说秦始皇焚书坑儒时所用的口吻。不同的是李斯所要焚烧的是儒家的经典，而这时却是儒者董仲舒要打击别家。

董仲舒在武帝时提出大一统思想，这是合乎时代需要的，也是合乎武帝的口味的。武帝即位以后，就引用儒家。中间虽然由于他的信奉黄老之言的老祖母窦太后（文帝的皇后）干涉，他不得不暂时斥罢儒者，但窦太后一死，武帝就罢黜百家，尊崇儒术了。当然，我们要注意的是，我们说武帝罢黜百家、尊崇儒术，只是说儒家在武帝时开始取得在政治上比别家优越的地位，并不是说儒家已取得独尊的地位。

社会经济的恢复，国家财力人力的富强，构成武帝改变对外政策的物质基础。武帝再也不能容忍对匈奴的屈辱和亲政策了。他即位不到十年，就改变和亲的政策为武力斗争的政策。

公元前133年，武帝召集臣下，告诉他们说：“朕饰子女以

① 《汉书·董仲舒传》。

配单于，金币、文绣赂之甚厚。单于待命加嫚（嫚同慢，指单于接待汉帝诏命非常傲慢），侵盗亡（无）已，边境被害，朕甚闵之。”[①]经过讨论后[②]，决定废弃和亲的政策，武帝派将军王恢、韩安国、李广等领兵三十万屯马邑山谷中。叫马邑人聂壹以出卖马邑为名，诱匈奴入关，同时埋伏军队伏击。但匈奴军队还没有走到马邑山谷，就发觉中计了，因而逃走。和匈奴的战争从此开始。

武帝和匈奴的战争，主要是在公元前133年到前119年这一时期内。这一时期的战争，又可以公元前127年为界限，分为前后两个阶段。公元前127年以前，武帝所采取的战略仍然是防御性的，敌来则战，追则不出境。这可以叫作进攻的准备时期。公元前127年以后，才采取进攻性的战略，开始大规模地作战，做深远地追击。

公元前127年以后，在武帝和匈奴的战争中，有三次是带有关键性的大战争。第一次是公元前127年卫青出云中（今内蒙古自治区托克托县）的战争。这次战争的结果，汉帝国夺取了匈奴黄河以南的地方，在这一带设立了朔方、五原两郡（今内蒙古自治区河套地区）；又修复了秦时蒙恬在这一带所修筑的

---

① 《汉书·武帝纪》。

② 讨论情况，看《汉书》卷五三《韩安国传》。

边塞，把边境线推到黄河。第二次是公元前121年霍去病出陇西的战争。这一年的春天，霍去病领兵过焉支山（今甘肃山丹东南）千有余里，至皋兰附近。夏天又领兵出北地二千余里，过居延攻祁连山。这一年战争的结果，匈奴内部分化，西部匈奴的昆邪王（昆读浑）杀休屠王（屠读储），率四万人来降。汉帝国夺取了匈奴的河西地，置武威、酒泉两郡（其后分武威为张掖，分酒泉为敦煌，是为河西四郡）。取得河西的意义是很重大的。由于取得河西，汉帝国才打开了通西域的道路，使西域从匈奴的奴役下解脱出来，削弱了匈奴的力量；同时由于取得河西，也就隔开了匈奴和羌的联系，匈奴和羌的联合威胁就减轻了。第三次是公元前119年，卫青、霍去病的两路出兵征匈奴。这一年卫青出定襄（今内蒙古自治区和林格尔县），与匈奴战于漠北（沙漠以北），大败匈奴，追杀到寘颜山（寘读填）赵信城（今蒙古人民共和国[①]境内）而还。霍去病出代（今河北蔚县）二千余里，与匈奴左贤王接战，杀七万余人，“封狼居胥山，禅于姑衍，登临翰海（以上三地，按当在今内蒙古自治区锡林郭勒盟境内）”[②]。这一战夺取了匈奴在大漠以南的所有土地。汉在河以北置田官，开修河渠，以吏率

① 今蒙古国。下同。——编者注

② 《史记·卫将军骠骑列传》。

五六万人屯田，并防御匈奴。这次战争也是武帝和匈奴的战争中最重要的一次。这次战争的结果，匈奴丧失了大漠以南的肥沃草地，人马死伤很多，才逐渐衰弱下去。汉帝国人马也死伤惨重，进攻力也降低了。此后武帝与匈奴的战争仍持续了一个时期，但大战争是没有了。汉初几十年来，时时入侵、为害北边的匈奴问题，到武帝时才被解决。

除和匈奴战争外，武帝还向四面八方开拓国土。

现今的新疆一带地方，汉代称作西域。汉时这一带有三十六个国家。人口少的小国只有一千多人。这些国家大都是城市国家，以一个城市做中心，就可以成为一个国家。人民生活所赖，有畜牧业，也有农业。畜产主要的有马、驴，农产品有五谷，最著名的物产是葡萄。出玉门、阳关（今甘肃敦煌西）去西域有南北两道。从鄯善（今罗布淖尔南）沿南山（今昆仑山）北坡西行到莎车（今新疆莎车）一路，叫作南道。南道西过葱岭，可以到大月氏（今阿富汗境内）和安息（今伊朗）。从车师前王庭（今吐鲁番）沿北山（今天山）南坡西行到疏勒（今新疆疏勒）一路，叫作北道。北道过葱岭可以到大宛、康居等地（今苏联境内[①]）。

① 大宛约在今中亚费尔干纳盆地，康居约在今巴尔喀什湖和咸海之间。——编者注

匈奴盛时，这些国家都役属于匈奴。匈奴设有一个僮仆都尉来统治它们。这些国家每年都要向匈奴缴纳贡赋。由于西域各国贡赋的支持，匈奴更强盛了。汉通西域的动机，就是要在战略上从东西两面夹击匈奴或切断匈奴和西域的联系，以削弱匈奴的力量。

在武帝通西域的活动中，有一个重要的人物，就是张骞。张骞在公元前138年和前121年曾两次到西域。第一次去的直接目的是要通使大月氏，想联合大月氏从东西两方面夹击匈奴。第二次去的直接目的是联合乌孙国。张骞第一次出使西域的时候，河西走廊（今甘肃西部）还在匈奴控制之下，张骞要去西域，不得不穿过匈奴控制地区。这样张骞就在去西域的路上被匈奴掳获，扣留了十多年才到大月氏。回来时又被匈奴扣留了一年多。第二次去西域时，汉已夺取了河西走廊地带，控制了通西域的大道。为了引诱乌孙和其他西域国家夹击匈奴，张骞携带着大量的财物，被拜“为中郎将，将三百人，马各二匹，牛、羊以万数，赍金币帛，直数千巨万”[1]。同行还有很多副使。张骞和他的副使到过的国家有大宛、康居（大宛北）、大月氏、大夏（今阿富汗境）、乌孙（今新疆伊宁一带）。这以后，汉代年年派很多使者赴西域，有时一年多到十几批，

① 《汉书·张骞传》。

少的也有五六批。一批多的有几百人，少的也有百余人。

公元前104年，武帝遣贰师将军李广利带兵数万，伐大宛，求善马。于是汉帝国的军事力量也继使臣之后进入西域。从敦煌以西到盐泽（即今新疆罗布淖尔），沿途都起亭障，并于轮台、渠犁（都在今新疆中部）设置屯田。每屯有田卒数百人，设使者校尉领护。以这些亭障和屯田作点，汉帝国建立起一条由自己控制的通往西域的交通线。

汉通西域，是带有军事性的，也是带有经济性的。随着汉帝国势力进入西域，中国的商人也携带中国的商品到西域去。派赴西域的使者，实际上也都是一些商人，他们去时携带大批的中国商品，回来时又带回大批的西域的物品。汉帝国的物品，主要是丝织品，中国的丝织品就由这时传入西域，并通过西域输到欧洲。西域的物产，像葡萄、苜蓿也都在这时传入汉帝国。

战国时期，燕国的政治势力曾达到朝鲜半岛。战国以来，中国人民受不了统治阶级压迫，很多逃到朝鲜去。汉朝初年，燕人卫满亡命入朝鲜，赶走朝鲜原有的王，建立起卫氏王朝。武帝时，朝鲜王卫右渠隔断了半岛上各部落和汉帝国的来往。公元前109年，武帝就两路出兵进攻朝鲜，一路从山东半岛渡渤海，一路出辽东。朝鲜人民杀死卫右渠投降。武帝在卫氏统治的地区建立了乐浪、临屯、玄菟和真蕃四个郡。

秦始皇南开五岭，曾置有桂林、南海、象三个郡。秦汉之际，南海郡尉赵佗占领桂林、象，自立为南越武王。文帝派陆贾使越，立赵佗为南赵王，赵佗才称臣于汉。武帝时，越相吕嘉杀了亲汉的越王和王太后，背叛了汉帝国。公元前112年，武帝派军伐越。南越平后，以其地设置了儋耳、珠崖、南海、苍梧、郁林、合浦、交趾、九真和日南九个郡，这九个郡都在现在广东、广西、海南岛境内和越南民主共和国北部。

浙江南部和福建也是百越族居住的区域，汉时称为闽越和东越。秦始皇统一中国，在这里设有闽中郡，但秦帝国的势力还没有发展起来就垮台了。汉初，这一带的百越部落国家对汉帝国也是时服时叛。武帝于公元前138年和前111年前后两次出兵进攻闽越和东越，并两次把东越人民迁徙到江淮一带去。

西南方面，到武帝时仍然是许多部落居住着。巴蜀一带的商人有些到这些部落中去做生意，把蜀地产的食品和布卖给他们，同时从他们这里买回莋马（莋人的马）、旄牛（牦牛）和僰僮（奴隶）。靠着这些不平等的交换，巴蜀的商人发了大财。

武帝初年，唐蒙出使到南越去。他在南越吃到通过西南地区运到南越的蜀产枸酱。张骞通西域时，也在大夏看到经由身毒（即印度，身读捐）运到大夏去的邛竹和蜀布，张骞也疑心是经由西南地区运到身毒去的。为了从西南地区开辟通往南越和西域的交通，武帝就先后于公元前130年和前111年两次发兵开拓西南。武帝在西南开拓的地区设置了犍为郡（今四川宜宾西南）、牂柯郡（今贵州遵义南）、越嶲郡（今四川西昌东南）、沈黎郡（今四川雅安南）、汶山郡（今四川茂县北）、武都郡（今甘肃成县）和益州郡（今云南晋宁东）。

一一　武帝和汉帝国（下）

武帝向外开拓和对外战争用了很多钱，他的父祖休养生息数十年所积蓄下来的财富，看看要被他用光。为了支持他的对外政策，他须要想办法弄钱。

随着汉初经济的恢复，商业和商业资本发展起来。汉初的盐铁业是由商人的资本经营的，矿场盐场的规模都是很大的。《盐铁论·复古篇》指出："往者豪强大家，得管山海之利，采铁石鼓铸煮盐。一家聚众，或至千余人。"盐铁商都是极富的，他们的资财多至数千万，甚至万万。如宛孔氏"用铁冶为业……家致富数千金"（汉制金一斤等于一万钱，数千金即数千万）。鲁曹邴氏"以铁冶起，富至巨万（巨万即万万）"。齐人刁间"逐渔盐商贾之利……起富数千万"[①]。汉时资产，十万是中产之家，百万即可比千户的封国国君，数

① 以上引文均见《史记·货殖列传》。

千万、万万资产的社会意义是可以想见的。

城市的兴起和工商业的发展是分不开的，随着工商业和交换经济的发展，城市也兴起来了。司马迁在《史记·货殖列传》中列举了全国各地的大商业城市和各个城市的主要交易货品，以及各个城市经济势力所及的范围。司马迁当时所举出的大城市有：长安、邯郸、燕、洛阳、临淄、陶、江陵、寿春、宛等。每一个都市都是那一地区的经济中心，在这些城市里开设着售卖各种日用品的商店和制造各种日用品的作坊。大的城市人口大约有数十万。像临淄就有十万户，每户以五口计，就有五十多万人口。司马迁说："用贫求富，农不如工，工不如商。……此言末业贫者之资也。"[①]由这一段话，我们可以推想城市工商业经济的发达和它在汉代经济生活中的地位了。当然，我们也要记着，资本主义以前的社会基本上都是自给自足的社会，我们还是不能以资本主义时代商品生产和城市的意义来衡量那些时代的交换和城市的。

武帝为了解除财政上的危机，一眼就看见这些富商和活跃的城市经济。武帝希望这些富商大贾能拿出一部分利得来解决政府的财政困难。恰好这时民间一个畜牧主卜式几次把私财拿出捐助政府，武帝就超级拜卜式为中郎，赐爵左庶长，赐公田

① 《史记·货殖列传》。

十顷，布告天下，想以卜式为榜样，鼓励别的富商大贾也把钱财拿出来。但结果仍然没有人肯拿出钱来。武帝于是决定采取专制强硬的政策来打击他们，夺取他们的财富。武帝所采取的财政经济政策，主要有以下几项：

一、盐铁专卖。盐铁是人民的命脉，盐是日常生活所必需，铁器是农民和手工业者的主要生产工具。武帝以前，这两者都掌握在商人手里。武帝时实行盐铁专卖，在大农下设盐铁丞，专门管理盐铁事务。有愿意煮盐的，自己出资本，由公家供给器具。于各郡置铁官，不产铁的置小铁官，收旧铁铸器物。敢有私铸铁器和煮盐的钛左趾（左脚戴铁锁，钛音第），器物没收入官。如此把盐和铁器的制作、买卖都掌握在政府手里。

武帝把盐和铁器的制作、买卖掌握在政府手里，固然是为了筹措军费，扩大政府的财源，但更重要的，是为了打击豪强的兼并。对于这一点，《盐铁论·复古篇》说得很清楚："今意总一盐铁，非独为利人也，将以建本抑末，离朋党，禁淫侈，绝兼并之路也。"

二、算缗钱。算就是征税，一百二十钱叫作一算。缗钱就是商人的本钱。算缗钱就是资本税。算缗钱的办法是：（一）经营商业取利和放利贷钱取息的资本，二千征收一算；（二）

手工业作坊制造物品出售的资本四千征收一算；（三）普通人的车，一车出一算；（四）商人的车，一车出二算；（五）船五丈以上的出一算。各人的资产都由自己折合呈报，呈报不实的，罚去守边一年，并没收所有的资产。别人告发，以没收资财的一半偿给告发人。

商贾大多不遵守法令据实呈报自己的资产，结果“杨可（人名）告缗（告发商人呈报不实）遍天下，中家以上大抵皆遇告。……得民财物以亿计，奴婢以千万数，田大县数百顷，小县百余顷，宅亦如之。于是商贾中家以上大率破”①。

三、均输平准。即由政府设官直接经营运输和贸易。商人经营商业，控制了各地的货物运输和物价，政府各部门要从市场上商人手里购买所需的物品，商人就乘机抬高物价，大发其财。大农丞桑弘羊建议政府直接经营贸易和运输业，由大农（官名）领管。在各郡国设均输，在京都设平准。均输征收就地所出产的物品，自己负责运输到其他需要这种物品的地方。平准则于京都掌握天下的货物，“贵则卖之，贱则买之”，结果“富商大贾亡所牟（取）大利”②。

武帝实行这些政策是有效的。通过这些政策的实施，尤其

---

① 《史记·平准书》。

② 《汉书·食货志》。

是均输平准政策的实施，政府获得了很大的收入。在实施均输平准的这一年（公元前110年），武帝出外巡狩，赏赐用帛百余万匹，钱、金以巨万计，都是由大农供给的。但这一年下来，政府的仓库还是满的，所存的帛有五百万匹。史家评论说：“民不益（加）赋，而天下用饶。”[1]

对于武帝所实行的这些政策，我们是不能单从它的财政意义上来了解的，除财政意义之外，我们还要注意两点。第一，从这些政策实施的结果上，可以理解汉代商品货币关系是相当发达的，城市工商业经济在整个社会经济中的地位是相当重要的。劳动人民所创造的商品财富，掌握在商人手里，便形成他们的资财巨万；掌握在政府手里，便能“民不益赋，而天下用饶”，解决了政府的财政问题。第二，从这些政策的实施上，我们可以更好地理解汉帝国的专制主义性质。我们常常用“商人地主阶级的政权”来说明汉代政权的性质。当然，汉政权是以武力和法律维持并巩固商人地主的土地和其他生产资料的所有制，是以武力和法律维持并巩固商人地主对农民手工业者进行剥削的政权。但我们绝不可以理解成，汉代的帝国和皇权只单纯的是私家商人地主的代表，我们更应该从东方专制主义这一性质上来理解它。皇帝是有他的物质基础的。他的物质基

① 《汉书·食货志》。

础，就是皇帝对农民和大土地的占有。我们也只有从东方专制主义性质上来理解秦汉的皇权，才能更好地理解秦汉时期皇帝“重农抑末”、打击豪强、实行像武帝所实行的政策的本质。

武帝所实行的经济政策中，另外还有一项重要的措施，就是把货币发行权集中到中央政府手里。秦始皇的货币发行是统一集中的，但汉初随着地方势力的抬头，货币发行权也分散了。地方诸侯王有权发行货币，私人也有权发行货币，如吴王濞“以诸侯即山铸钱，富埒（等）天子”①。邓通是文帝的幸臣，“以铸钱，财过王者”，“故吴邓钱布天下”②。同时，中央政府铸币，时有变动，因之引起盗铸。商人更从中操纵，为了自己发财，扰乱了人民生活。武帝第一次改动币制是想以货币贬值为手段打击商人，但结果钱轻，盗铸多，造成社会上极大紊乱。随着又有第二次的币制改动，铸币权完全集中到中央政府手里，郡国一概不得自铸。这次所铸的五铢钱，轻重统一合用，盗铸者少，币制也稳定下来。武帝所开始铸造的五铢钱，两汉一直沿用下去。

货币权的统一，也表现了武帝的专制主义。

---

① 《汉书·食货志》。

② 同上。

武帝时不仅是一个社会富庶、国力强大的时代，而且在学术文化上也是一个高涨的时代。武帝时的《太初历》比过去的历法大有进步。这时的天文学家曾立晷仪下漏刻，以追求二十八宿的地位，还制造了叫作浑天的天文仪器。中国伟大的史学家、《史记》的作者司马迁就是武帝时代的人。诗、歌、乐府这时期也是很盛的。武帝的宫廷中就养着很多文人，其中如司马相如、东方朔、严忌、严助、吾丘寿王、枚皋等都是著名的文人。武帝本人也能写作，他的《秋风辞》，就是文情并茂的作品。

在中国历史上，秦皇、汉武总是并提的。他们两人也确有相似之处。中国历史发展到秦汉，要求打破各国分裂的局面，建立统一集权的国家。秦始皇完成了这个任务，但他又失败了。经过汉初数十年的分裂，武帝又把这一任务更好地完成了。形式上，武帝时还有一些小封国，似不如秦朝的统一彻底，但实质上武帝的统一和集权是比秦的统一集权更巩固的。秦始皇向外扩大了秦帝国的疆土，把秦帝国的文化、进步的生产工具和技术带到南方各部落或部落国家里去，同时把这些部落或部落国家包括到秦帝国里来。在这方面，武帝比秦始皇做了更多的工作，汉帝国在南方、东方和西方开拓了更多的国土，吸引了更多的部落或部落国家到汉帝国里来。当然，秦皇、汉武的这些开拓活动，是掠夺性的，是为当时的统治阶级服务的，但对于秦皇、汉武的这些活动，我们是不能单从侵略这一点上来看的。在当时的具体历史条件下，那些部落和部落国家在社会发展上都是比秦或汉落后的；秦人和汉人势力到来以后，进步的文化、进步的生产工具和技术也都跟着到来，这就推动了这些部落或部落国家的历史和社会发展，而不是阻碍它们发展。同时，秦皇、汉武的对外活动，也保卫了帝国边境的安全，这对于保护汉族人民先进的农业生产和文化也起了有利的作用，因之这些活动是符合人民的利益的。从这一角度来看，我们也应该肯定武帝这些活动的进步意义。

中国人民是在秦汉时期才真正组成一个大的统一国家的。这统一是中国多少年代以来历史发展、经济开发、各族人民融合的结果。这是中国人民发展史上一大进步。秦始皇、汉武帝，其中尤其是汉武帝在这方面是有贡献的。今天我们中华人民共和国民族大家庭中一支最大的民族——汉族之得名，就是从武帝时奠下基础的。

当然，和秦始皇一样，汉武帝也不是一个完善的人物。他穷兵黩武，给当时人民带来很大的祸患。但这也和秦始皇一样，并不影响武帝对中国历史所做出的贡献。

一二　土地兼并

我们前面已经谈过，西汉初年，统治者为了巩固政权，曾施行了一连串轻税减赋的政策，并把土地分配给复员的兵士，使他们都变成小土地所有者。统治者的这些政策，是和人民的要求符合的，因而也是成功的。西汉初年的社会呈现为一个欣欣向荣的小农经济占优势的社会。

但是，在社会经济欣欣向荣的时候，也发展了富农和地主经济。由于富农和地主经济的发展、商品货币关系的发达、商人阶级的抬头，以及武帝以后兵役的繁重，致使小农破产了，土地兼并的现象也跟着来了。

土地兼并的现象在文帝、景帝时已见端倪。当时的思想家、政治家如贾谊、晁错已预见到这种情形，所以曾提出重农贵粟的办法，来救农抑商。

商人资本和租赋怎样压迫农民，并使农民失掉土地的呢？

关于这个问题，晁错有过很好的说明。他说：“今农夫五口之家，其服役者不下二人。其能耕者，不过百亩；百亩之收，不过百石。春耕、夏耘、秋获、冬藏，伐薪樵，治官府给徭役……四时之间，亡日休息。又私自送往迎来，吊死问疾，养孤长幼在其中。勤苦如此，尚复被水旱之灾，急政暴虐，赋敛不时，朝令而暮改。当具（当出租赋的时候），有者半贾（价）而卖，亡者取倍称（一倍的）之息。于是有卖田宅鬻子孙以偿责（债）者矣。”①

这是劳动人民方面的情形。商贾怎样呢？他说：“商贾大者积贮倍息，小者坐列贩卖，操其奇赢，日游都市，乘上之急，所卖必倍（高一倍的价钱出卖）。故其男不耕耘，女不蚕织，衣必文采，食必粱肉，亡农夫之苦，有仟佰之得。因其富厚，交通王侯。力过吏势，以利相倾。千里游敖，冠盖相望。乘坚策肥，履丝曳缟。此商人所以兼并农人，农人所以流亡者也。”②

晁错这两段话，说明了汉初农民在租税徭役和商品货币关系的双重压迫下失掉土地的过程。就汉初的历史情况来说，政府的租税徭役剥削和商人的兼并是致农民于破产的两种原因，

① 《汉书·食货志》。

② 同上。

其中又当以商人兼并为主。文帝时租税徭役，一般来说，还算是轻的。听了晁错的话以后，文帝还采取了重农贵粟的办法来帮助农民。他并且减轻田租为三十税一，甚至有十多年根本不收田租。荀悦评文帝减田租说："今汉民或百一而税，可谓鲜矣。然豪强富人占田逾侈，输其赋太半。官收百一之税，民收太半之赋。官家之惠优于三代，豪强之暴酷于亡秦。是上惠不通，威福分于豪强也。今不正其本，而务除租税，适足以资富强。"[①]他的话和当时情况不很合。他的批评，如果是针对武帝以后的情况发的，那就合适了。文帝时商人兼并的现象刚刚发生。一般地说，小农经济还是很盛的。在这种具体历史条件下，为了保护小农而减轻田租，还是有它的积极的意义的，对于小农还是有好处的，还不是"适足以资富强"。历来学者们根据荀悦的话，评论文帝减收或免收田租的政策仅仅看它的适足以资富强的一面，那是不公平的。

到武帝初年，情况就不同了。强凌弱、富役贫、豪党兼并的现象已经普遍发生。《汉书·食货志》于记述武帝初年的富足以后，接着说："于是罔（法网）疏而民富，役财骄溢，或至并兼，豪党之徒，以武断（专横）于乡曲（乡里）。宗室有土，公卿大夫以下争于奢侈。室庐车服僭上亡（无）限。物盛

---

① 《汉纪》卷八。

而衰，固其变也。”

汉代的租赋制度是因袭秦朝的。人民的主要负担是田租、口赋（算赋）和徭役。不同的是汉代的租赋比秦轻得多了。但是到了武帝时期，由于长期的对外战争，农民的负担加重起来。农民是兵役的主要负担者，单只兵役的征发一项，就够农民吃苦了。战争给人民带来死伤，也给出征兵士的家乡带来土地荒芜。汉因袭秦爵制，分二十等，第九级五大夫以上可以免徭役。武帝又立武功爵，分十一级，第七级千夫以上免徭役。有钱的人可以买爵，这样一来，兵役的负担更集中在一般贫苦的农民身上。随着战争的延续，农民流亡破产的现象便一天一天地严重起来。

武帝解决农民破产的问题的办法：一是大量地以奴隶和罪人为兵，以减轻农民的兵役负担。以罪人和奴隶为兵的办法是晁错对文帝建议的，武帝来实行了。二是徙贫民于边境屯田。但这两种办法是不能解决问题的。在商人大地产所有者的兼并威胁下，小农、罪人、奴隶本是一体的。小农受兼并而破产，做罪人、做奴隶都是他们必然的命运。如果不能有效制止商人大地产所有者对农民的兼并，就是发罪人奴隶做兵，徙贫民实边，仍是不能解决农民破产问题的。而武帝时的豪强富商正乘农民兵役负担重、生活困苦的时候，大肆兼并，因此农民破产流亡和土地兼并的问题不但得不到解决，反而一天一天严重了。到武帝晚年，社会上便呈现出动荡不安的景象，农民的暴动时时出现。公元前99年政府就来了一次“大搜”，以“索奸人”[①]。就在这一年，山东泰山琅邪一带的人民暴动起来，并占领了一些地方。武帝严厉地镇压了这次暴动[②]。公元前92年，京都长安闭城门十一天，以“索奸人”[③]。

武帝末年，停止战争以发展社会生产力，才把危险局势挽救过来。因为劳动人民的愤怒和暴动使武帝知道不给人民以安定生活，人民是会推倒他的。公元前89年，武帝死前二年，以田千秋为丞相，封富民侯，以赵过为搜粟都尉，致力于农业生产的恢复，并下诏后悔过去的连年出征，决定停止用兵。

武帝以后，昭帝实行减免田租、口赋、更赋、赐贫民种子、食粮和公田等政策，来缓和阶级矛盾。宣帝继续执行这些政策，曾几次以皇帝的公田赐给无田的贫民。宣帝起自民间，知民间疾苦，用人选吏都务求廉洁，以期少为民害。

靠了这些措施，武帝以来尖锐化了的社会矛盾才暂时缓和

① 《汉书·武帝纪》及注。

② 参看《汉书》卷九〇《酷吏传·咸宣传》。

③ 《汉书·武帝纪》及注。

下来。昭宣时期，尤其宣帝时期，政治清明，社会安定，成为汉朝文景之后又一好的时期。

但这种安定只是表面现象，实质上则土地兼并继续进行。宣帝晚年曾有一个诏书说："今天下少事，繇役省灭，兵革不动，而民多贫，盗贼不止，其咎安在？"[①]其咎安在？其咎在于豪强大地主的兼并。到这时期真可以适用荀悦所提出的批评了：公家之惠越优，适足以资富民，贫民很难得到好处。只要兼并的趋势不停止，皇帝以公田赐给贫民，只能救急一时，转眼之间，这些公田会又成为豪强地主兼并的对象，被夺取以去。

宣帝以后，土地兼并的趋势就一路发展下去。王莽刻画西汉后期农民被兼并的情况说："汉氏减轻田租，三十而税一，常有更赋，罢癃咸出，而豪民侵陵，分田劫假，厥名三十税一，实什税五也。父子夫妇终年耕耘，所得不足以自存。"[②]

大地产占有者集团的主要构成者是以商业起家的地主，即利用商业、高利贷兼并小农而起家的地主。如光武帝刘秀外祖樊家即一家典型商人地主的实例。《后汉书·樊宏传》说："宏……父重，……世善农稼，好货殖……其营理产业，

① 《汉书·宣帝纪》。

② 《汉书·王莽传》中。

物无所弃，课役童隶，各得其宜。……至乃开广田土三百余顷。”除商人地主外，官僚资本也是大土地所有者构成的一个重要因素。官吏们从皇帝国库里分得劳动人民所缴纳的租税，转手就用来购买土地，剥削农民。有些贵族封君，甚至依靠政治权力强夺人民的田产。大的贵族官僚地主，占地到数百顷，如成帝时的张禹，前后从皇帝那里得到数千万的赏赐，买田至四百顷。他的田“皆泾渭溉灌（泾渭流域可用水灌溉的田），极膏腴（极肥沃）上贾（价钱贵）”[①]。官僚贵族又以一切方法占取皇帝的公田作为私产。我们知道，汉代的皇帝占有很多土地，他是全国最大的地主。除他的苑囿园田所占有的广大的土地外，一切山林、未开垦的荒地、草地都是皇帝的私产。称作公田的皇帝的私有土地是遍布全国各地的。公元前48年，元帝初即位，即“以三辅（关中京兆、扶风、冯翊管下的区域）、太常（太常管下的）、郡国公田及苑可省者，振业贫民”[②]。同年因关东水灾，年成不好，又令“郡国被灾害甚者，毋（勿）出租赋。江海陂湖园池属少府者，以假贫民”[③]。这说明皇帝的土地是遍于郡国各地的，贵族官僚们就

① 《汉书·张禹传》。

② 《汉书·元帝纪》。

③ 同上。

千方百计地侵夺公田。成帝的舅舅与南郡太守勾结，占垦了公有草田数百顷。皇帝也常常以公田赐给他所宠爱的臣下，哀帝曾一次赐给他的幸臣董贤田二千顷。

因土地被兼并而破产的农民，不是像鼂错所说的沦为奴隶，就是像董仲舒所指出的“或耕豪民之田，见税什五”，做了大地主的佃户。如果不走这两条路，就只有流亡、暴动。大地主、大商人与小农斗争，小农因斗争失败而沦为奴隶或佃农的过程，和农民最后不得不走上流亡暴动的结局，是文、景以后两汉社会矛盾的基本形式。时间越晚，形势发展得就越严重。成帝时，各地奴隶、农民暴动就不断地起来了。公元前22年，颍川（今河南禹县）铁官徒申屠圣等领导起义，杀官吏、盗库兵，经历了九郡。公元前18年广汉（今四川梓潼）男子郑躬领导起义，攻占四县，盗取库兵，发展到一万多人。公元前14年，尉氏（今河南尉氏）男子樊并起义；同年山阳（今山东金乡）铁官徒苏令等起义，经历了十九个郡国，并杀死东郡太守和汝南都尉[①]。铁官徒是犯罪在官而参加劳动的官奴隶。成帝时这几次起义都是由“徒”领导或有“徒”参加的。在这些暴动之前，成帝曾于公元前30年和前25年两次下诏“赦天下

① 《汉书·成帝纪》。

徒”[1]。这说明“徒”要起义的形势是很严重的，统治者也预察到了这种危机，才有赦天下徒的诏令。

暴动虽然都被残酷地镇压下去了，但病根是没有消除的。统治者怎样来应付这严重的局势呢?

① 《汉书·成帝纪》。

一三　王莽改制

在阶级矛盾尖锐化的形势下，统治阶级中常常有一些人物提出改革的办法，希图挽救政权的危机。早在武帝时期，因土地兼并日趋严重，董仲舒就曾提出一套改革建议。他建议：一、限制商人地主侵占土地，以塞兼并之路；二、盐铁归人民自己经营；三、禁除奴隶主对奴隶的“专杀之威”；四、薄赋敛，省徭役，以宽民力。在西汉晚年成、哀之际，土地更趋集中，阶级矛盾更加尖锐，师丹等又提出限田、限奴隶的意见。照他们所提出的办法是：“诸侯王、列侯……公主……及关内侯、吏、民名田（占田）皆无过三十顷。诸侯王奴婢二百人，列侯、公主百人，关内侯、吏、民三十人。”[1]限的办法显然是不能解决问题的，但就是这些不能解决问题的办法，也是不能实行的。

---

① 《汉书·食货志》。

阶级矛盾的尖锐化造成社会政治的危机，社会政治的危机加深统治阶级内部的争吵。在刘氏政权下希望挽救危险局势不成功，便希望换个别家，于是王莽起来了。

王莽是以外戚起家的。王莽的姑母王政君是元帝的皇后。成帝在位，社会危机严重的时候，也正是王家一家极其贵盛的时候。王凤以成帝元舅之尊为大司马大将军辅政，诸舅谭、商、立、根、逢时五人同日封侯。王凤死后，王音、王商、王根相继辅政。王氏子弟多做大官，一门乘朱轮华毂者二十三人。郡国守相刺史多出王氏门下。

王莽出身于这个家庭，但王莽幼年的生活经历却与他这些伯叔兄弟们不同。王莽的父亲王曼早死，所以在他的伯叔五人同日封侯时，王莽却还“孤贫”。在他的伯叔兄弟都在做官、生活骄奢时，他正折节向学，穿戴和个穷儒生一样。

说王莽幼年“孤贫”，也是相对的，比起他的伯叔兄弟们来，他是“孤贫”的，但比起一般人来，他当然是不贫的。但这一段生活经历，对他后来在政治上的发展，是很有关系的。刘家政权已走上崩溃的路，统治阶级在过着醉生梦死、腐化堕落的生活。一般中小地主阶层却在幻想着一条自救之路，希望有一个人能够出来挽救危机。后代封建社会忠于一姓的思想这时还是不强的；反之，在这时期，在思想界占支配地位的却是“五德终始论”，认为人间的统治者正如五德（金、木、水、火、土）和四时（春、夏、秋、冬）在宇宙间的运行一样，一朝完成了自己的任务，就要让给别家。王莽就是在这样的情形下，凭借他比别人容易爬到政治的最高点的外戚的地位，掌握了政权。幼年的“孤贫”、儒家思想的训练，这些使他知道当日政治问题的症结所在以及一般中下阶层的要求，并使他能够取得他们的拥护。

公元前8年，王莽代替他的叔父王根，以大司马辅政。第二年成帝死了，哀帝即位。哀帝的父亲不是王莽的姑母元帝王皇后所生，随着成帝的死，王莽也下了台。直到公元前1年哀帝死，王莽才东山再起。他和他的姑母立了一个九岁的小孩做皇帝，从此政权掌握在王莽手里。在此后的几年中，他用一切方法在政治上树立威望。当时统治阶级中官僚、知识分子大部分是拥护他的。有一次因为他不受新野封田，上书颂扬他的竟有四十八万七千五百七十二人之多。在公元1年到8年，八年之间，王莽便由安汉公居摄践阼（摄行皇帝之事，服皇帝之冕，居皇帝之位）的假皇帝，成了真皇帝。

王莽是在社会矛盾尖锐化的严重局势下取得政权的，拥护他上台的人把他看作救星一样。王莽上台以后，形势要求他必须有一套改革办法。当时的问题，是商人大地产所有者兼并土地，是小农失掉土地变成奴隶和佃户，是商人资本发达并操纵了社会经济。王莽的改革就是针对这些问题的。他所提出的政策是：

一、禁止土地和奴隶的买卖。公元9年，即王莽始建国元年，王莽禁止土地和奴婢的买卖。下诏："更名天下田曰王田，奴婢曰私属，皆不得卖买。其男口不盈八，而田过一井者（九百亩），分余田予九族、邻里乡党，故无田今当受田者如制度。敢有非井田圣制，无法惑众者投诸四夷。"[①]土地改曰王田，奴婢改曰私属。"王"和"私"是对称的。奴婢仍属私人所有，所以仍是私属，但已不许买卖。这对于奴隶的身份待遇是有提高的。因为当时的奴隶是与牛马同栏出卖的，改奴婢曰私属，不许买卖，至少是把奴隶从与牛马同栏中提出来了。但奴隶并没有解放，仍然是属于主人的，所以叫作私属。把土地改曰王田，包含两点意义：第一，土地和奴婢一样不许买卖；第二，土地和奴隶不一样，奴隶仍为私有，土地却属于王有，多余的土地要拿出来，分给九族、邻里乡党。但实际上，土地制度的改革只实行了不许买卖，并没有能实行王田，也没有能把地主多余的土地拿去分。

二、实行六筦（管）、五均、赊贷。六筦、五均、赊贷是

① 《汉书·王莽传》中。

针对商人资本的发达而提出的打击他们的办法。盐、酒、铁、名山大泽、铜冶（铸钱）、五均赊贷六项与人民日常生活有关系的事业，全部收由国家管理，谓之六筦。六筦、五均、赊贷举办在公元10年。王莽实行六筦的用意，可用他自己的话来说明。《汉书·食货志》载王莽的诏书说："夫盐，食肴之将；酒，百药之长，嘉会之好；铁，田农之本；名山大泽，饶衍之藏；五均、赊贷，百姓所取平卬以给澹（赡）；铁布铜冶（铸钱），通行有无，备民用也。此六者非编户齐民所能家作，必卬（仰）于市，虽贵数倍不得不买。豪民富贾即要贫弱。先圣知其然也，故筦之。"换言之，目的在于"齐众庶，抑并兼"[①]（王莽语）。

五均是由政府统制私营工商业的经营和活动，并管理物价。其办法是：在长安、洛阳、邯郸、临淄、宛、成都各置五均司市师。五均司市师一方面管理私营工商业，征收私营工商业的租税；另一方面管理物价。各五均司市师皆以四时之中月平定物价，并定出法定的平均价格。人民买卖五谷、布帛等物品，如果有卖不出的，五均司市师考检属实后，可用其本价由官购买，毋令折钱。如果市场上物价高于平均价格，政府就以平均价格把官府所掌握的物品卖给人民。

① 《汉书·食货志》。

赊贷是由政府经营贷款，以防止高利贷的剥削。其办法是：人民有祭祀、丧事和需钱营生时，可由政府贷款。祭祀贷款，归还期不得过十天，丧事贷款不得过三个月。贷款营治产业的，利息不能超过纯利的年利十分之一。十分之一的利息是比当日一般商人高利贷者放钱所收的利息低了好多。私人放款一般的利息是年利十分之三四，高的到十分之五六和十分之十。

王莽所实行的六筦、五均、赊贷，大部分并不是由他所创，而是武帝曾实行过的，他又加以继承；其中只有赊贷是他新创的。

三、改革币制。从公元7年到14年，七年之中，王莽三次改革币制。第一次改革是在公元7年，于五铢钱外，更造大钱，重十二铢，文曰大钱五十。又造契刀、错刀，契刀值五百，错刀值五千。四品（种）并行。他做了皇帝之后，又做第二次改革。罢错刀、契刀及五铢钱，另做金、银、龟、贝、钱、布六种钱，名曰宝货。计黄金一品，银货二品，龟宝四品，贝货五品，钱货六品，布货十品，共二十八品。这样复杂混乱的币制是不能实行的，王莽这次实行改革，给人民生活带来极大的紊乱。实行了一年，就下令“但行小钱直一与大钱五十，二品并行”[1]，其他就一概取消。第三次改革是在公元14年，罢大、小钱，另做货布、货泉两种并行。货布重二十五铢，值货泉二十五。货泉重五铢，二十五值一货布。

王莽这些改革政策实行的结果都是不好的，造成普遍的社会经济的紊乱。不准买卖土地、奴隶的结果是“坐卖买田宅奴婢……自公卿、大夫至庶人不可称数”。六筦、五均、赊贷实行的结果是“每一筦为设科条防禁，犯者罪至死。奸吏猾民并侵，众庶各不安生”。扰民最厉害的是币制的变动。币制数变的结果是“农商失业，食货俱废”。“每一易钱，民用破业而大陷刑”[2]。改革的办法是行不通的，“王田”“私属”只实行了四年就取消了。六筦行得久些，但到公元22年，王莽死的前一年，也下令取消。这说明王莽自己也承认改革的失败。王莽实行经济改革给社会经济带来大紊乱，人民生活带来大破坏。对外方面，由于他挑起和匈奴等的战争，情形就更加严重。初上台时曾被一些统治阶层视为救星的王莽，便在商人大土地所有者和农民大众两方面的夹击下失败了。

王莽改革失败的原因，首先是这些改革都是空想的、不切实际的、没有物质基础的，而且是违反历史发展的方向的。

---

① 《汉书·食货志》。

② 同上。

王莽的改革政策都是对商人大土地所有者不利的，但负责推行这些政策的正是这些由商人大土地所有者出身的官僚。他们如何会推行一种专以打击他们自己阶级的利益为目的的政策呢？所以王莽的政策，即使本身是好的，如五均、赊贷，但一通过官僚机构到实践中去就都变成扰民的了。其次就王莽所提出的政策本身讲，也是有问题的。如他实行币制改革，但不知道钱币的价值是要由它所包含的劳动量来决定的，而不是可以以法令来规定的。王莽第一次币制改革时的大钱与五铢重量是十二比五（大钱重十二铢，五铢重五铢），而价值却是五十比一（一个大钱等于五十个五铢钱）。第三次改革时的货布与货泉，重量是十二比五，价值却是二十五比一。这如何能行呢？强制实行的结果，当然会造成盗铸、犯法和经济混乱。

要了解王莽和王莽经济改革政策的本质，也要加上专制主义这一面。皇帝、商人地主同是土地所有者，都是依靠对农民、手工业者等劳动人民进行剥削的。但在分配剥削品上，两者是对立的。皇帝本身是最大的地主、最大的商人，而不是单纯的私家商人地主的代表。皇帝把劳动人民甚至整个国家社会看作他的所有物，于是由国家机构来完成一些经济事务，使劳动人民能够进行生产来供养他，这是专制主义皇帝的要求。同时，打击破坏社会生产的私家商人地主的兼并行为，也就成为当时专制主义皇帝的一种要求。王莽的经济改革政策能够提出，基础是在这里。

帮助皇帝行使职权的是整个官僚机构，这个官僚机构的成员是从商人地主阶级中产生的。这就使皇帝和私家商人地主的关系连结起来，也就使皇帝与私家商人地主的矛盾得到统一。同时官僚机构的性质也就摇摆于皇帝和私家商人地主之间：在皇权强大的时候，官僚机构会是皇帝行使职权的一个忠实有效的工具；在皇权弱、私家商人地主势力较强的时候，官僚机构的商人地主性也就强起来。

总之，王莽经济改革政策之所以能提出，它的基础我们不能从皇帝和私家商人地主都是地主阶级，都是剥削农民，即他们的“同”和“合”这方面来理解；而应该从他们虽然同是地主，却是不同的地主，在分配上是有矛盾的，即“分”和“异”这方面来理解。王莽的政策是打击私家商人地主的，但这种政策却是通过与私家商人地主有密切关系的官僚机构来实行的，因之对人民也造成大害。王莽和私家商人地主、劳动人民都对立了起来，因此他失败了。

一四　赤眉绿林农民起义

王莽的改革不能解决农民的问题，农民便自己起来解决，于是中国历史上又一次轰轰烈烈的农民大起义就爆发了。

就地域的分布来看，王莽末年的农民起义，可以分为三个大区域：在南方是荆州南阳（今湖北西部和河南南部）一带，在东方是青、徐（今山东）一带，在北方是河北和河济之间。

公元17年以前，湖北西部一带连年大旱，农民无法生活，都到大泽中掘草根糊口。他们之间时常发生争执，因此他们就推戴新市人王匡、王凤做领袖，调解争执。其后，马武、王常、成丹等领导的另外一支农民军也来和他们会合在一起。荆州派兵来打，被农民军打败，农民军的势力逐渐发展，有众五万多人，聚集在绿林山中（今湖北当阳境）。因为这支农民军是在绿林山起义的，历史上就称他们作绿林兵。公元22年，湖北西部发生大瘟疫，聚集在绿林山的农民军死亡很多。为了逃避瘟疫，他们分两路向外移动。一路由王常、成丹等率领向西南发展，入南郡（今湖北江陵），发展为后来的下江兵。另一路由王匡、王凤、马武等率领，北入南阳（今湖北襄阳、河南南阳一带），发展为后来的新市兵。另外又有平林人陈牧也领导平林农民起义，称为平林兵。绿林、新市、下江、平林，这是属于南方荆州起义的农民集团。

在东方，公元17年有琅邪海曲女子吕母所领导的起义。公元18年，琅邪人樊崇又起义于莒（今山东莒县），逐渐发展转入泰山一带。这时期，青、徐两州也连年大饥，农民起义军到处蜂起。各地小股农民军因为樊崇勇猛，都来归附他，一年之中，樊崇集团发展到一万多人。东方另外一些农民军领袖，如逄安、徐宣等也率领起义的农民军来与樊崇合军，樊崇成了东方青、徐一带农民起义军共同拥戴的领袖，而泰山也和绿林山一样，成为东方农民起义军的中心。

大河以北的农民起义军，不像南方和东方两集团形成一个大集团。河北的农民军人数很多，但股头也很多，彼此不能统一起来。据《后汉书·光武帝纪》的记载，河北起义的农民军，重要的有铜马、大彤、高湖、重连、铁胫、大抢、尤来、上江、青犊、五校、檀乡、五幡、五楼、富平、获索等，合起来有数百万人，分散在大河以北各地。

王莽的改革，侵犯了一般商人大土地所有者的利益。因此，在农民起义反抗王莽的统治的时候，一些商人大土地所有者也乘机而起。他们希望利用农民起义的伟大的力量，来达到他们自己夺取政权的目的。

三大区域集团农民军的内部成分是不同的。荆州农民军中地主阶级的影响比较重。汉家宗室、光武的族兄刘玄就最先钻入平林军中而为其安集掾（官名，欲其安集军众，故暂取以为官名）。参加到新市平林军、后来做了皇帝的刘秀和他的哥哥刘縯是南阳的大地主。推倒王莽的是这支起义军。王莽失败以后，政权最初落到刘玄手里，最后又为刘秀所取得。刘玄、刘秀都是依附荆州起义军而起的。

东方樊崇等领导的农民军集团，是纯朴的农民集团。这一集团中地主成分和所表现的地主意识很少。《后汉书·刘盆子传》说："（樊）崇等以困穷为寇，无攻城徇地之计。众既浸盛，乃相与为约：杀人者死，伤人者偿创。以言辞为约束，无文书、旌旗、部曲、号令。其中最尊者号三老，次从事，次卒吏。"这段记载表现了东方樊崇所领导的农民集团纯朴的性质。他们以言辞为约束，没有文字，没有号令、旗帜、组织，说明他们中还没有来自地主阶级的知识分子参加。他们不像荆州集团的农民军，一来就称将军，立皇帝。他们平日接触的官吏就只有三老、从事和卒吏这一类地方小吏，所以他们就把军中最尊高的人称为三老，其次称为从事、卒吏。

关于河北农民起义军的情况，我们知道的比较少。河北农民军不像湖北和山东的农民军一样活动的地区广，直接参加了推翻王莽统治的斗争，在政治上演了重要角色。河北农民军的活动范围很少超越他们的本乡本土。我们只知道他们是“各以山川土地为名，或以军容强盛为号”①。此外，还知道他们几个领袖的名字如东山荒、秃上等，其他便很少知道了。从他们的活动不离开本乡本土，他们各以山川土地为名，各以军容强盛为号，他们的领袖名字的纯朴，以及后来他们的领袖都没有出来在地主阶级的统治中占地位上来看，可以推知河北农民军和东方农民军一样，一定也是很纯朴的。

对于关东到处起来的农民起义，王莽是恐惧的。他决心采取血腥的镇压政策，派军队去剿。公元22年，王莽派太师王匡（另一王匡，不是绿林军中的王匡）、更始将军廉丹率十万人去打樊崇。腐败的统治政权，它的军队必然也是腐败的。王莽军队所到之处，就奸淫掳掠，东方一带的人编了一首歌谣说：“宁逢赤眉（樊崇的军队），不逢太师。太师尚可，更始（指廉丹）杀我。”这样的军队如何能与农民军队作战！一

① 《后汉书·光武帝纪》注引《东观记》。

战，王莽军队大败，廉丹战死。樊崇领着农民军和王莽的军队作战的时候，怕自己的人和王莽的人混了，分不清楚，就用红颜色把各人的眉毛都涂成红的，于是在历史上就留下一个“赤眉”的称号。

赤眉在东方发展的时候，也是绿林兵等在南方发展的时候。公元23年，沘水（今河南泌阳西）一战，农民军大败王莽的军队，消灭王莽军队两万多人，还杀死莽军领兵的将军甄阜、梁丘赐。接着又在淯阳（今河南南阳南）大败莽军，包围了宛（今河南南阳）。各路农民军联合起来推刘玄为皇帝，年号更始。这一年的六月，更始入宛。王莽派大司徒王寻和大司空王邑领一百万军队来进攻，但昆阳（今河南叶县）一战，却为农民军打了一个落花流水。王寻战死，王邑逃走。

昆阳一战，已决定了王莽的命运。绿林兵分两路进攻，一路由武关入关，向长安进攻；一路北攻洛阳。王莽的政权动摇了，各地地主“豪杰之士”看到王莽要完了，也纷纷起来投机，响应起义，“杀牧守，称将军”，以等待更始皇帝的命令。旬月之间，遍于天下。

这年九月，更始的军队到了长安，长安人也起来杀了王莽。王莽政权为人民所打垮，农民军所推戴的更始皇帝便由宛而洛阳而长安，做起皇帝来。但是，他的政权并没有维持好久。

一五　汉帝国的再建

打垮了王莽政权，把他们自己拥戴起来的皇帝放在长安皇帝宝座上，这可以说是农民起义军发展的最高峰。这以后，起义军的内部所包含的矛盾——首先是地主阶级势力和农民势力间的矛盾，其次是地主阶级势力内部的矛盾便发展起来；农民因受地主阶级思想的影响，内部也互相矛盾斗争。斗争的结果是大地主刘秀所代表的集团胜利，在农民起义的血泊里建立起东汉政权。

刘秀和他的哥哥刘缜是南阳的大地主，养着许多宾客。《后汉书·光武帝纪》说："地皇三年（公元22年），南阳荒饥，诸家宾客多为小盗。光武避吏新野，因卖谷于宛。"《东观记》也说："时南阳旱饥，而上（指刘秀）田独收。"在一个地区普遍发生旱灾的时候，刘秀家的田能独收，这一定是些最好的田。人人都受饥饿，而刘秀家独有余谷出售，这一定是个大商人地主。跟随刘秀起事的人也多半是大商人豪族地主出身，像李通是南阳宛人，世以货殖著名；邓晨是南阳新野人，世代都是二千石大官。

刘秀兄弟参加绿林农民军，但他和农民军将领之间，和另一野心家刘玄之间是存在矛盾的。在农民推选刘玄做皇帝的时候，地主分子本是要推刘缜的。刘玄做了皇帝，首先借故把刘缜杀掉。刘秀的哥哥被杀，他连哭都不敢哭，还连连向刘玄道歉，刘玄才没有杀他。

刘玄到了洛阳，派刘秀渡河去巡抚河北，从此刘秀得到脱离刘玄独立发展的机会。当时河北有两种势力：一是农民军的势力，即以上所述的铜马军等；一是地主阶级的势力。在农民军的威胁下，河北的地主阶级大多率宾客起而自保，等待有人来恢复地主阶级的社会秩序。刘秀到河北后，由于豪族耿弇的拉拢，首先得到上谷渔阳地主阶级的合作和拥护。各郡县的地主阶级看到刘秀能代表他们的利益，也都来投附。刘秀以地主阶级的力量为基础先打败了王郎（邯郸人，诈称汉成帝子，自立为皇帝，都邯郸），随后又分别消灭或骗降了各处的农民军。刘秀知道河北的农民军都是非常纯朴的，没有野心家从中操纵，于是采取假仁假义的手段，骗得铜马军投降。得到这支军队的力量，刘秀的势力便强大起来，因此当时人称刘秀为铜马帝。

得到河北地盘，刘秀便站稳了脚步。他以河北为根据地，进而争取天下。

刘玄初入关时，关中的地主阶级是欢迎他的。但刘玄到长安不久，关中的地主就不与他合作了。那些“强宗右姓”，便“各拥众保营，莫肯先附”[①]了。

关中的大族地主为什么不与刘玄合作呢？因为刘玄这一集团农民气味很大。在刘玄的朝廷中，很多官吏都是农民出身，或者是在豪族地主眼里认为下层人民的人出身的。豪族地主阶级讽刺刘玄的朝廷说：“灶下养，中郎将；烂羊胃，骑都尉；烂羊头，关内侯。”刘玄的军师将军李淑也说：“今公卿大位，莫非戎陈；尚书显官，皆出佣伍。”李淑曾向刘玄建议说：“陛下定业虽因下江平林之势，斯盖临时济用，不可施之既安。宜厘改制度，更延英俊，因才授爵，以匡王国。”[②]就是劝他脱离农民，另找地主阶级的知识分子来合作。

刘玄的政权很快地腐化了。这在当时的条件下是很自然的。由于历史条件和阶级性的限制，农民起义在它取得政权以后，很容易蜕化为地主阶级政权，或是农民领袖日益腐化，从

① 《后汉书·郭伋传》。

② 以上引文均见《后汉书·刘玄传》。

而内部矛盾发展起来，终至互相残杀。

刘玄做皇帝之初，赤眉军的领袖樊崇等曾到洛阳，接受刘玄的封爵。留在河南的这一支农民军大集团，不久与以刘玄为首的在关中的农民军集团发生冲突。樊崇等以“探札”（拈阄）的方式，立了一个十五岁放牛的小孩刘盆子为皇帝。赤眉军进军长安，刘玄大败，逃离长安，后来又回来投降赤眉。刘盆子就在长安做起皇帝来。

赤眉入关，更得不到关中地主阶级的合作。关中地主到处“聚为营保”“坚守不下”。关中一带经过一番战争，经济遭受很大破坏，尤其食粮供应大成问题。赤眉得不到食粮，无法维持，最后不得不东溃回家。

这时候，刘秀已在河北自立为皇帝。赤眉与刘玄在关中相争的时期，刘秀南下渡河，占领了洛阳。到赤眉大军东走出关，刘秀便预先在河南西部山地，做好埋伏，拦腰袭击。赤眉兵败，投降刘秀。后来，赤眉军领袖樊崇、逢安等都被刘秀以谋反的罪名杀掉了。

三大集团农民军都消灭了，刘秀统一了中国中部大部分领土。中原以外，各地还存在一些地主阶级所建立的地方政权，其中比较强大的，睢阳（今河南商丘南）有刘永，齐地（今山东）有张步，庐江（今安徽庐江西）有李宪，东海郡（今山东郏城西南）有董宪，陇西（今甘肃东部）有隗嚣，巴蜀（今四川）有公孙述，河西（今甘肃西部）有窦融。刘秀逐步消灭了他们，从新建立汉家的统一政权。后人因其建都在洛阳，就称之为东汉，东汉也称为后汉。建都于长安的前朝便被称为西汉，西汉也称为前汉。

在农民大起义后所建立起来的新皇朝，由于下列几种原因，常知道采取一些减轻剥削、缓和阶级矛盾的政策。一、前代政权倒台的教训，使它知道不能过分压迫农民；二、在农民大起义中见识过农民群众的力量，知道这是不可惹的；三、大乱之后，地广人稀，统治者为了自己的利益，也要给农民以休养生息的机会，使他们能够进行生产。

刘秀也懂得这个道理。在公元39年，因为天下垦田户口多呈报不实，遂“诏下州郡，检核垦田顷亩，及户口年纪”①。但刘秀本人就是南阳一个大商人地主，他是依靠商人地主阶级的力量，窃取了农民起义的成果而取得政权的。刘秀检核垦田顷亩及户口年纪，可能也打算抑制一下豪强的兼并，但结果是“刺史、太守多不平均，或优饶豪右，侵刻羸弱，百姓嗟怨”②。“河南帝城多近臣，南阳帝乡多近亲，田宅逾制”，

① 《后汉书·光武帝纪》。

② 《后汉书·刘隆传》。

更“不可为准”[1]。为此，他不得不诛杀了十几个度田不实的郡守。

由于刘秀东汉政权根本就是商人地主阶级的政权，所以西汉到中叶以后才出现的土地兼并问题，在东汉一开始就是存在的。公元40年，就激起了一次中小地主和农民联合举行的暴动。刘秀知道这个问题的严重性，他一面放宽对地方官吏的制裁，取得他们的积极拥护，一面用比较和缓的办法把暴动平定下去，给暴动者土地，使他们能够生活。

在这方面，刘秀的儿子明帝比刘秀来得有决断。明帝对于豪强兼并，比较能加以限制。《汉书·刑法志》说：“自建武（刘秀年号）、永平（明帝年号）民亦新免兵革之祸，人有乐生之虑，与高、惠之间同。而政在抑强扶弱，朝无威福之臣，邑无豪杰之侠。”这话对光武、明帝时的情况说得有些过美。就光武和明帝两个时期来说，明帝时还比较可以这么说，光武时就不大说得上。

除明帝时用法比较严，使豪右稍自戢敛外，东汉的前半期，明帝、章帝、和帝时期（公元58年到105年），政府还继续以公田赐给贫民，以缓和社会矛盾。在赐给公田的同时，政府还供给种籽，贷给田器，这样也就促进了农业生产力的恢复。

① 《后汉书·刘隆传》。

在东汉前期，社会矛盾暂趋缓和，社会得到了一个比较长时期的安定，社会经济就又发展繁荣起来。就以明帝时的情况为例，史称："显宗（明帝）即位，天下安宁，民无横徭，岁比登稔。永平五年作常满仓，立粟市于城东，粟斛直钱三十。草树殷阜，牛羊弥望。作贡（赋税）尤轻，府廪还积。"[1]

[1] 《晋书·食货志》。

一六　汉大败匈奴和再通西域

匈奴族经过汉武帝的打击，势力衰落下去，西汉初年围刘邦、辱吕后的那股威风没有了。到了宣帝时候（公元前73年到前49年），匈奴外受汉兵和西域乌孙国的联合进攻，内部又连年遭受灾害，加以政治上的分裂，五单于争立，势力更弱。公元前54年，匈奴呼韩邪称臣来降，遣子弟入侍。呼韩邪单于并亲自于公元前51年和前49年两次到长安来朝见汉天子。

宣帝时汉帝国在西域的威势也是很盛的，可以说，武帝时是对西域的经营时期，而宣帝时则是收获时期。公元前59年，宣帝以郑吉为都护，都护西域各国。都护的治所设在乌垒城（今新疆轮台东）。在渠犁、北胥鞬设置屯田，屯田校尉归都护管领。渠犁土地肥沃，屯田的粮食收获，可以供养在西域的军队。乌垒城就靠近渠犁屯田。匈奴臣服了，西域也在汉家都护的领护之下，这时汉在北方和西域的威力可以说是鼎盛的。

这种形势大体上维持到西汉末年，王莽时情形一变。王莽为了表明匈奴对他的臣服关系，改汉时给匈奴的“匈奴单于玺”印文为“新匈奴单于章”。新是王莽的国号；玺，只有天子的印才能称用。汉时为了羁縻匈奴，让匈奴用玺，并不在上面加“汉”字。王莽的举动，引起匈奴的不满。当然这不过是导火线，主要的原因还是匈奴降附以后，得到汉帝国的财物土地，加以休养生息了几十年，力量又恢复过来了。它本已不甘心于这种屈辱的地位，现在王莽还要来贬抑它，如何能行。于是王莽和匈奴的关系恶化起来，匈奴不断侵扰边境，王莽也就数次出兵讨伐。“北边自宣帝以来，数世不见烟火之警，人民炽盛，牛马布野。”[①]至此战争又起，数年之间，北边为之虚空。随着战争的又起，中国在西域的统治也跟着瓦解。王莽末年到东汉初年，中国忙于内部问题，匈奴又恢复了在西域的统治，西域各国又向匈奴臣服纳贡。

刘秀统一中国内部后，西域各国受不了匈奴的重税剥削，纷纷要求内属，请汉派都护去保护他们。西域处在匈奴、汉帝国两大国之间，而且为匈奴、汉帝国必争之地。匈奴社会落后，西域各国属于匈奴，只有受匈奴重税剥削，匈奴对于西域

---

① 《汉书·匈奴传》。

各国却毫无帮助。汉帝国社会文化比西域各国进步，西域各国属于汉帝国，当然也要受汉帝国的赋敛，但汉帝国物资、生产技术的输入，却能帮助西域各国进步。中国的商品，通过西域这条交通线运到欧洲去，这也就有助于西域各国经济的繁荣。在匈奴、汉帝国之间选择，西域各国属于汉帝国比属于匈奴好。不过刘秀这时正忙于巩固帝国内部的统治，他不仅没有力量派兵到西域去，而且没有力量制止匈奴在北边的侵扰。北方边地，西起天水扶风，东至幽、并各州郡，常常受匈奴侵扰杀掠。刘秀为了使北部边地人民暂时躲避匈奴侵攻，曾徙幽、并边地人民于常山关（在代郡）、居庸关（在上谷郡）以东，因此匈奴左部又进入塞内居住。

正在这个时候，匈奴内部发生了分化。公元46年前，匈奴连年发生旱灾和蝗灾，赤地数千里，草木尽枯，人畜饥疫，死耗很多。这就削弱了匈奴的力量，同时也就动摇了单于在匈奴的统治。公元48年，匈奴南部八部大人共议立日逐王比为呼韩邪单于（比是西汉宣帝时呼韩邪单于之孙，他采用了他祖父的名号）。匈奴分成南北二部，南匈奴依附汉，边地才得粗安。依附汉帝国的南部匈奴分部落屯住在北地、朔方、五原、云中、定襄、雁门、代郡各地，这些地方就是现在的陕西和山西的北部。

明帝以后，汉帝国的国力恢复过来了，对外的政策也就由防守转变为进攻。继西汉武帝之后再次向匈奴进攻，向西域发展。

公元73年，明帝调发大军，由窦固率领，分四道出塞，向北匈奴进攻。窦固直接率领的一路由酒泉出发，是最西的一路。窦固占领了伊吾卢（今哈密）。这个地方是通天山南麓西域北道各国路上的咽喉要地。窦固一面在这里屯田，作为向北匈奴进攻的一个据点，一面派班超去西域活动，以便把西域各国从匈奴的控制下夺过来。

这以后的一个时期，北匈奴内部不断发生问题，很多匈奴人脱离北匈奴的统治逃往汉帝国。公元87年，北匈奴有五十八个部落，人口二十万向汉帝国投附。

由于北匈奴内部的混乱削弱，汉帝国决定乘机大加征伐。公元89年，窦宪、耿秉等率领三万人出击北匈奴，大破之于稽落山，追奔至燕然山（今蒙古人民共和国①杭爱山），出塞三千余里，刻石记功而还。公元91年，汉兵再次出击，大破北匈奴于金微山（在今苏联西伯利亚境②）。北匈奴一部分往西方逃去，留住在原地的就和进入的鲜卑人融化在一起。这以后，鲜卑便代替匈奴成为北方强大的一族。

班超在西域也是成功的。他并没有带军队进入西域，只带

① 今蒙古国。——编者注

② 在今俄罗斯境内。——编者注

了三十六个人。他去西域的时候，西域的国家多数是摇摆于汉帝国和匈奴之间的，害怕和汉帝国靠得太紧了，要受匈奴攻击。班超靠着自己的才能和勇敢，同时靠着并不扰害西域国家人民生活的政策，取得西域一些国家信任，排除了匈奴在西域的势力。他在西域三十年活动的结果，西域五十多个国家都派遣质子入朝，臣服于汉帝国。

班超在西域时，西域以西的国家，如条支（今伊拉克境）、安息（今伊朗）都和汉帝国有来往。公元97年，班超还派甘英西行，打算通使大秦（即罗马帝国）。甘英走到条支，临大海而还。甘英所临的大海，可能是波斯湾。

一七　农业手工业方面的进步和成就

汉代在农业技术方面，是有进步的；手工业也是相当发达的。这里综述一下汉代农业手工业方面的进步和成就。

秦汉在农业生产技术方面，当然是继承前代的遗产，在前代遗产的基础上向前发展的。

和农业生产有很大关系的水利灌溉事业，在秦汉时期已经很发达。勤劳的中国人民在很早的时期，就已经知道利用水利灌溉了。战国时期，各国都致力于修渠灌溉。秦王政时有名的郑国渠，“溉泽卤之地四万余顷，收皆亩一钟（六斛四斗），于是关中为沃野，无凶年，秦以富强”[①]。到了汉武帝时代，水利灌溉事业特别发达。在这一时期，全国各地，尤其关中地区，开凿了很多灌溉用的河渠。据《汉书·沟洫志》的记载，仅关中的灌溉渠就有漕渠、龙首渠、六辅渠、灵轵渠、成国

① 《史记·河渠书》。

渠、沣渠、白渠等。关中以外的地区，也都尽量利用河流，开渠引水灌溉田亩。《汉书·沟洫志》说：“朔方、西河、河西、酒泉，皆引河及川谷以溉田……汝南、九江引淮，东海引巨定，泰山下引汶水，皆穿渠为溉田，各万余顷。它小渠及陂山通道者不可胜言也。”

开凿河渠不仅可以供给农田中所必需的水，而且水里的淤泥还可以作肥料。像白渠成后，受益的人民歌颂说：“泾水一石，其泥数斗，且溉且粪，长我禾黍，衣食京师，亿万之口。”①

武帝末年，悔征伐，以赵过为搜粟都尉，欲于民力久疲之后，来恢复农业生产，挽救皇朝的危急。

赵过是古代的一位天才的农业家，他对于农业生产技术和农具的改良都有贡献。首先，他结合古代的耕作方法和劳动人民的经验，创造了代田法。据《汉书·食货志》的记载，代田法是这样的：“代田：一亩三圳，岁代处，故曰代田。古法也。后稷始圳田，以二耜为耦，广尺深尺曰圳，长终亩，一亩三圳，一夫三百圳，而播种于三圳中。苗生叶以上，稍耨陇草，因陨其土以附苗根。故其诗曰：‘或芸或芓，黍稷儗儗（盛）。’芸，除草也；芓，附根也。言苗稍壮，每耨辄附

① 《汉书·沟洫志》。

根，比盛暑，陇尽而根深，能（读耐）风与旱，故儗儗而盛也。”其次，赵过对于农具也有改良。《汉书·食货志》说赵过经营代田：“其耕、耘、下种田器，皆有便巧。”“用耦犁，二人三牛。”

由于赵过的改革，农业生产力大为增加。农民采用赵过的代田制，使用赵过改良后的农具，结果：“一岁之收，常过缦田（不行代田法的田地）亩一斛以上，善者倍之。（善为代田的，又过缦田亩二斛以上）”①

为了推广赵过的代田法及新农具，当时政府于大农下，官设工场，以官奴隶制作农器。并先在离宫旁的公田上做实验；并令郡太守遣令长、三老、力田及里父老善田者来学习新农器使用法和代田法。实验的结果，收获量比其他田亩多一斛以上。于是就把代田法和新农器向各地推广。据《汉书·食货志》的记载，代田法推广所及的地区有边城（如居延）和河东、弘农、三辅等地，以及太常领下的各地农田。推行代田法的地方都是“用力少而得谷多”。

成帝时又有氾胜之，发明区种法。区种法大约和我们现在菜园的经营方法一样，是分畦分区种植的。因为是分畦分区种植的，所以就称作区种法。氾胜之的书，现已不传，只有《齐

① 《汉书·食货志》。

民要术》一书中还留下了关于区种法的一点材料。根据《齐民要术》，知道区种的田亩收获量比普通田亩是高得多的。

春秋战国以来，劳动农民已知道用粪作肥料。《论语》和《孟子》中都有粪土、粪田的记载。从《齐民要术》引用氾胜之的话，知道西汉时农民已使用人畜粪等作肥料。氾胜之并告诉我们如何选种以增加生产和如何使种籽强壮以抵抗病虫害。所有这些都是西汉时代农业生产技术方面显著的进步。

在改进生产工具和生产技术的条件下，在劳动人民的勤勉劳动下，汉代的垦田面积比前代大有增加。由于土地的垦殖、生产的增加，人口也大大增加了。到西汉末平帝时，汉帝国全国的人口数是：户12233062，口59594978；垦田数是：8270536顷。战国时的人口垦田是没有统计的，但我们可以肯定西汉末的人口垦田数是大大超过战国的。

王莽末年，农民起义失败，农业遭受很大破坏，人口死亡也大大减少。到刘秀晚年，已经经过一番休养生息，人口也才只有二千一百多万。一些边境地方尤为萧条，往往一郡数县，人口却寥寥无几。公元30年，刘秀并掉一些人口稀少的郡县，结果并去四百多县。

明帝以后，农业生产逐渐恢复。帝国政府和不少好的地方官吏都知道注意农田水利，修复或创建了一些灌溉水渠。邓晨在汝南修复鸿郤陂，灌溉田数千顷。何敞又加以修理，溉田到三万余顷。马棱在广陵，兴复陂湖，溉田二万余顷。张禹在下邳修复蒲阳陂，溉田数百顷。杜诗在南阳，修治陂池，广开田土。公元98年，和帝下诏各地刺史、太守注意堤防河渠的修理。公元115年，安帝诏“三辅、河内、河东、上党、赵国、太原，各修理旧渠，通利水道，以溉公私田畴”[①]。水利灌溉事业，在东汉前期是有发展的。

牛耕和水利灌溉的地区，在东汉前期也在推广。在西汉还不知使用牛耕的地区，东汉以来逐渐推广了牛耕的使用。如安徽中部一带地方，到东汉初还不知用牛犁耕地。公元83年，王景任庐江（今安徽庐江西）太守，始教民用牛犁耕地。结果“垦辟倍多，境内丰给”[②]。任延为九真郡（今越南民主共和国境内）太守，他就把中原的牛耕和铁制农具推广到九真去。公元140年，马臻为会稽郡太守，把水利灌溉，推行到会稽去，引湖水灌溉田千余亩。牛耕和铁制农具的推广，水利灌溉的引用，就使以前人力所不能垦辟的荒地，可以垦殖起来。

东汉农业生产的恢复和发展，到公元107年，即安帝初就逐渐停滞下来。和帝末年的垦田数字是7320170顷。这是东汉垦田

① 《后汉书·安帝纪》。

② 《后汉书·王景传》。

面积的最高数字了，安帝以后就落下来。

就耕地和人口来说，东汉是始终没有赶上西汉的。如前面所说，西汉人口和耕地最高时，曾达到12233062户，59594978口，耕地面积8270536顷。东汉人口最多时也只有49524183人，9937680户，耕地面积的最高额也就是上面所举的7320170顷。人口差一千万，耕地差一百万顷。

东汉田亩收获量，据东汉末年仲长统的估计，平均每亩约为三斛。他说："今通肥饶之率，计稼穑之入，令亩收三斛。"[①]这收获量比西汉初年有增加，但比西汉后期就不见得有增加。依晁错的话，西汉初年每亩地的收获量是一斛。战国时，李悝已说每亩地的收获量是一斛五斗，西汉初不会又少于战国。晁错说的"一斛"可能估低了些。武帝初期的《淮南子·主术训》说："中田之获，卒岁之收，不过亩四石。"武帝末，赵过实行代田并改善农具和耕作技术后，每亩地的收获量提高了一斛到二斛。就是说武帝以后，田亩的收获量已逐渐达到每亩三斛。而关中的上等灌溉好田，一亩地还可以收到六斛四斗。大约东汉时期，单位面积的平均产量比西汉晚期并没有增加，就是有也很少。

从西汉到东汉，经济生活上一个显著的大变动，是南方的

① 《后汉书·仲长统传》。

逐渐开发，和南方居住人口的逐渐增长，而原来人口众多、经济繁荣的关中区域却逐渐衰落下去。这种变动，可由下列关中三辅地区和长江流域扬、荆、益三州在东、西汉时人口变动的数字上看出来。

关中三辅地区人口变动表①

地区	西汉人口数	东汉人口数
京兆	682468	285574
冯翊	917822	145195
扶风	836070	93091

长江流域扬、荆、益三州人口变动表②

地区	西汉人口数	东汉人口数
扬州	3027597	4308538
荆州	3597358	6265952
益州	4628654	7242028

北方人口减少、经济萧条的趋势，还不仅关中如此，其他

① 据《汉书·地理志》和《后汉书·郡国志》。

② 同上。

地区如凉州、幽州也有这种情况。如凉州地区，在西汉时有人口一百五十多万，到东汉顺帝时只有十多万，还不到西汉时的十分之一。幽州，西汉时有人口三百多万，东汉时只剩有二百多万。

中国中世纪，经济重心逐渐由北向南移转，这种情况在东汉时就已经开始了。

汉代的手工业是相当发达的，很多手工业已脱离农业副业的地位而发展成为独立的手工业部门。

汉代的手工业，可以分为官手工业和私手工业两个系统。官手工业是由政府直接管理、直接设立作坊制造的手工业，私手工业是民间手工业。

汉代官手工业深入到每一个重要的手工业部门，中央政府下和地方上设立了一些机构来管理。如在中央政府机关少府、水衡、大司农属下，都有专管官手工业的机构，地方上则设有工官、盐官、铁官、铜官等机构。

官手工业的制品，除了盐和铁制器具外，主要的是供皇家使用，或者供皇帝对臣下的赐予。至于盐和铁制器具，则主要是为了向民间出售而生产的。

盐铁是人民的生活命脉，也是手工业中的一个主要生产部门。西汉初年，盐铁业由私家经营。一些盐铁业家，如蜀地的卓王孙、程郑氏，鲁地的曹邴氏等，都以经营盐铁业发了大财，成为当日社会上的巨富。

武帝时，为了筹措军费，扩大政府所掌握的财富，打击商人豪强的兼并，就决定盐铁由国家经营。在大司农下设盐丞、铁丞，专管全国盐铁器的制造和买卖事务。在全国各郡县产盐铁的地区设盐官及铁官，不产铁的地方，设小铁官。西汉时在各郡县设置的铁官有四五十处。东汉盐铁官归地方政府管。《后汉书·百官志》关于铁官的设置，只有“出铁多者置铁官，主鼓铸”这一句话，没有说出铁官设在什么地方。大概西汉置有铁官的地方，东汉时铁仍继续生产，政府就继续设铁官经营。

国家经营盐铁业，大概采取两种形式。一种是完全由国家直接经营，另一种是由私人出资但由政府供给生产工具来经营。《汉书·食货志》：“大农上盐铁丞孔仅、咸阳言：山海天地之臧，宜属少府，陛下弗私，以属大农，佐赋。愿募民自给费，因官器作鬻（煮）盐，官与牢盆。”这段话，说明第二种经营形式的存在。一般地说，大概第一种形式，是主要的形式。

铁以外的金属手工制造业有铜冶、铸钱业、金银铜器物的制造等。

汉初，铜冶和铸钱，也和盐铁一样，由私家经营。吴王濞、邓通就是两个大铜业主和铸钱业主。当时“吴、邓钱布（分布）天下”[①]。小规模的私人铸钱业是很多的。文帝时因为钱可私铸，铸钱又有利可图，于是民多“农事弃捐，而采铜者日蕃，释其耒耨，冶熔炊炭”[②]。武帝时一面管盐铁，一面也禁私铸钱，铜冶和铸钱也成为政府的独占事业。

铜除铸钱外，还可以制造各种日用器物。汉代的铜镜，制造得非常精致。政府管理铁以外的金属手工制造业的，在中央有三工官，在地方上有工官和铜官。西汉后期的三工官，每官一年的费用要五千万。地方上，《汉书·地理志》提到设有工官的有蜀郡、广汉郡等十郡。《后汉书·百官志注》说：“凡郡县有工多者置工官。”工官的职务，一方面是管理私手工业作坊的税人，一方面是管理官手工业制造。

釦器是金银镶边的器皿。在制作技术上当然是比纯用铜制造的器物又进了一步。蜀、广汉的釦器从西汉后期元帝时就是有名的。元帝时贡禹说：“蜀、广汉主金银器，岁各用五百万。”[③]一直到东汉中期，这地区仍在继续制造釦器。

---

① 《汉书·食货志》。

② 同上。

③ 《汉书·贡禹传》。

和釦器在技术上有同样进步意义的还有错器。错器就是在铜器上错以金、银花纹。近年各地出土了很多汉代的错器。图案、花纹、线条，都非常精致好看。

漆器是战国以来就发达起来的一种手工业制品。技术精巧的劳动人民用漆制作各种日用器物。近年来全国各地出土了很多汉代的漆器，花纹、色彩都是非常精致鲜艳的。汉代漆器的制造，已有很细的分工，制一个漆盘或漆杯都要经过几道手续；几个专门的工人分成几个过程，才制出一件漆器。在乐浪（今朝鲜民主主义人民共和国北部）王盱墓中出土了两件东汉初年的漆杯，从杯底上刻的铭文看，可以知道制造一个漆杯，要经过素工、髹工、上工、洎工、汜工、造工等几个工作过程。分工的精细说明汉代的手工业已有很高的发展。

官手工业中的劳动力是由徒、奴隶、卒来负担的。徒是犯罪在官而参加劳动的定期奴隶。卒是更卒，即对政府服徭役的劳动人民被分到官手工业部门劳动的。《汉书·食货志》说："大农置工巧奴与从事，为作田器。"元帝时，贡禹说："今汉家铸钱及诸铁官，皆置吏、卒、徒，攻山取铜铁，一岁功十万人以上。"手工制造业是需要技术的，而掌握技术又需要相当的时间，一月一更的卒不适于做有些需要技术的手工业的劳动，所以手工业中的更卒多采取庸代的形式。《盐铁论·禁耕篇》中说：“郡中卒践更者多不堪，责取庸代。”

纺织手工业，一般地说是与农业密切结合着的。一个劳动人民的家庭，总是“男耕女织”，解决衣食的问题。

独立的纺织手工业也是存在的。一些细致的须要有专门技术才能制成的织品，就须要有专门设置的手工业作坊来织造。为了供应皇家纺织品的需要，西汉长安有东西两织室，东汉迁都洛阳，仍有织室。另外，西汉时在齐地有三服官，专为皇家制作绮绣等精细的织品。三服官和织室的开支，每年都各在五千万以上。三服官的工人各有数千人。在东西织室劳动的多是女官奴隶。汉代臣民犯罪，女性家属多半都是输织室劳作。

除去官府所属的纺织手工业外，也有私家经营的纺织手工业。齐、襄邑（今河南睢县）和成都等地是汉代以纺织业著名的地区。东汉初年的王充说：“齐部世刺绣，恒女无不能；襄邑俗织锦，钝妇无不巧。”[①]《盐铁论》说：“非独齐陶之缣，蜀汉之布也。”都说明这些地区的纺织品很著名。私家纺织手工业，也多使用女奴隶。张安世家有七百多奴隶，都参加纺织劳作。

---

① 《论衡·程材篇》。

一八　商人和世家豪族

西汉景帝、武帝都曾努力打击豪强势力的发展，因为豪强势力所代表的是地方势力，是分权势力，这是和专制主义的皇权不相容的。我们前面已经谈过，景帝时的酷吏和武帝时刺史的六条察郡，都是打击豪强的。

但是，只要社会有分工，物品有交换，在私有制度下，那些拥有财富、了解各地供需情况的商人，就能够操纵物价，从交易中盘剥农民而取得高额利润。同时只要土地自由买卖的制度存在，在重利盘剥和租赋压迫之下的农民，就必然会出卖他们的土地，而那些积累了大量财富的商人，也就必然会使用他们的财富购买土地。同时，只要官僚机构存在，那些以官僚身份从国库中分得劳动人民的租赋的人们，也必然会用他们的钱财去购买土地。这样，无论采取什么样的压制政策，这个豪强势力是仍会发展起来的，而且在发展中，商人、官僚、地主三者也会融合为一体的。反过来，这个必然的发展也就必然会影响执行专制主义皇帝意志的官僚机构的性质，它会由皇帝的工具，到摇摆于皇帝和私家商人、官僚、地主之间，到更接近于私家商人、官僚、地主，并为他们服务。武帝以后的历史发展是充分显示了这一发展过程的。

西汉末年，在农民大起义的风暴中，我们看见这些豪强的力量了。到处有豪强地主领着他的人马，他的乡亲、宗族、宾客、部曲、徒附、奴隶等，团聚在一起坚壁自守。这种情况是我们在秦末农民起义时期所看不见的。秦末农民起义时期，我们所看见的是贵族、游侠和农民的力量。

东汉的皇帝刘秀就是南阳的大地主，刘秀的政权是在各地豪强地主的拥护下建立起来的。刘秀的左右最有力的助手，差不多都是豪强，都是在农民大起义中率宗族、宾客、部曲、奴隶起事的人。东汉政权建立后，豪族势力的政治地位、社会地位、经济势力更得到有力的保障。可以说，整个东汉时代就是商业资本、官僚和地主经济三位一体疯狂自由发展的时期。

早在刘秀时候，一些开国元勋已在利用政治地位收夺小农的土地。这情况我们前面也已经谈过了。明帝以后，贵族官僚对于土地的占取发展到公开掠夺的地步。外戚马防兄弟贵盛，各有奴隶千人以上，资财巨亿，“皆买京师膏腴美田”[①]。外戚窦宪竟至强以贱价夺买沁水公主的园田。后来明帝知道了骂他：“今贵主尚见枉夺，何况小人哉。”[②]公主的园田尚见侵夺，一般农民的田土，就不用说了。济南王康以贵族身份而经营商业，他有奴隶一千四百人，占田八百顷。最突出的例子是外戚梁冀。他公开掠夺自由民做他的奴隶，至数千人，叫作自卖人。他强占西起弘农、东至荥阳、南至鲁阳、北至河淇周围将近千里的土地，做他的林苑。梁冀的财产被没收，折卖以后总额达三十万万。据《史记》《汉书》所载，西汉商人资本或官僚资本，最高的只到万万。梁冀的积累比前代高出数十倍。

非官僚的商人资本，尤其是高利贷资本，也在疯狂地发展起来。刘秀时的情形已有如桓谭所说：“今富商大贾，多放钱货。中家子弟为之保役，趋走与臣仆等勤，收税与封君比入。”[③]商业是非常活跃的。安帝时，王符描述他亲眼看见的商品货币关系的发达情况说：“今举世舍农桑趋商贾。牛马车舆，填塞道路。游手为巧，充盈都邑。……今察洛阳浮末者什于农夫，虚伪游手者什于浮末。……天下百郡千县，市邑

① 《后汉书·马防传》。

② 《后汉书·窦宪传》。

③ 《后汉书·桓谭传》。

万数，类皆如此。”[1]关于豪强富室的富有情形，从仲长统的两段描写中就可以知道。他说：“豪人之室，连栋数百，膏田满野，奴婢千群，徒附万计。船车贾贩，周于四方；废居积贮，满于都城。琦赂宝货，巨室不能容，马牛羊豕，山谷不能受。”[2]又说：“井田之变，豪人货殖。馆舍布于州郡，田亩连于方国。身无半通青纶之命，而窃三辰龙章之服。不为编户一伍之长，而有千室名邑之役。荣乐过于封君，势力侔于守令。财赂自营，犯法不坐。刺客死士为之投命。”[3]

从这些当时人的记述中，我们可以想象东汉豪族的威势。豪族占有很多肥沃的土地，到处有店铺，他们有成千的奴隶，另外投靠依附他们的人又是成千上万。做官的不用说了，就是不做官连半纸任命状都没有的，也是穿着很华贵的衣服，在一方称霸称王和土皇帝一样。

就制度上说，东汉的官吏不是世袭的；但事实上，东汉的官吏又是等于世袭的。这些豪族在政府做官，他的子孙便事实上是一路做下去的。东汉豪族中有四世三公的，如弘农杨氏，自杨震、杨秉、杨赐到杨彪，四世皆做三公官。又有四世五公

① 《潜夫论·浮侈篇》。
② 《后汉书·仲长统传》。
③ 同上。

的，如汝南袁家，从袁安到袁隗，四世中有五人做三公。

对于东汉发展起来的豪族，我们是要多给予注意的。我们从东汉豪族身上不仅要看出地主商人官僚阶级的生活，和他们财富的积聚，我们还应该更多地分析他们在政治、社会、经济各方面所起的作用和所引起的变化。从政治方面说，豪族的发展是地方势力的抬头，它和中央集权的皇权是对立的。从社会经济关系方面说，豪族的发展又显示了阶级隶属关系的变化。在西汉，除私有奴隶外，全帝国的人民，都是皇帝的人民，都属于皇帝，都有向皇帝纳租税服徭役的义务。就是或耕豪民之田的私家地主的佃户，也只是为地主耕地，在身份上则仍是国家的一个人。但东汉豪族羽翼掩盖下的人口，隶属关系是在微妙的发展变化中的。东汉豪族翼盖下的人口有很多名称，最主要的是宾客、部曲、徒附等。这个阶层的身份，虽然是不完全相同的，但他们都是隶属于豪族的人。这个阶层来源有二：一个来源是奴隶的解放，豪族把他们的奴隶解放了，但又不完全解放，这些人成为仍隶属于主人但身份有提高的宾客或部曲。另一个来源是自由民的依附。农民土地被兼并了，无法生活下去，就投靠豪族取得生活的保障。这些人最初都是自由民，这是不成问题的。但随着豪族政治势力的发展、经济势力的发展以及东汉后期政治的腐败和皇权的衰落，这些投附豪族的人口便逐渐和半解放的奴隶融合而成为豪族翼盖下的一个前所未有的新的阶层。他们隶属于豪族，只认豪族是他们的主人。

从这个角度来看东汉豪族的发展是有意义的。它的性质如何，我们还要做进一步的研究。但这个事实我们可以先指出。

一九　外戚、宦官与党锢

东汉的皇帝，自章帝以下，都是年幼即位。和帝十岁，安帝十三岁，顺帝十一岁，冲帝二岁，质帝八岁，桓帝十五岁，灵帝十二岁，献帝九岁。因为皇帝年幼，故多女后临朝。女后临朝，故多依靠娘家人——外戚。小皇帝岁数稍大，便和女后、外戚发生冲突。小皇帝所能依靠的人最可靠的是宦官；因为从刘秀以来，东汉皇帝一方面尊重外朝大臣政治上的地位，一方面把行政大权集中到皇帝手中，所以宫中小官和左右家奴宦官就成为皇帝的得力助手。于是皇帝和女后的斗争演化而为宦官与外戚的斗争，遂酿成东汉历史上外戚宦官之祸。

外戚和宦官的斗争，大体说来，从公元89年到159年，即从和帝到桓帝中，是外戚占优势的时期。公元159年到189年，即桓帝、灵帝时期，是宦官独占政权的时期。外戚和宦官有四次显著的战斗。第一次是和帝、宦官与外戚窦宪的斗争。和帝与宦官郑众等合谋把专权的外戚、章帝窦皇后的哥哥窦宪杀掉。这是东汉外戚、宦官斗争的第一个回合，结果是宦官胜利，这是东汉宦官参与政争，并在政治上占到地位的开始。第二次是安帝、宦官与外戚邓骘的斗争。第三次是顺帝、宦官与外戚阎显兄弟的斗争。宦官孙程等十九人在安帝死后，迎立被废的太子为顺帝，杀死专政的外戚、安帝皇后阎氏的哥哥阎显兄弟。孙程等胜利后，十九人皆封侯。宦官的势力大盛。第四次是桓帝、宦官和外戚梁冀的斗争。梁冀的跋扈专横，达到东汉外戚专政的极点。宦官单超等五人合谋定计，把梁冀杀死。梁氏的党羽，也一网打尽。这以后，政权就落在宦官手里，政治上宦官独占政权的时期，一直到公元189年，世家豪族袁绍把宦官全都杀尽为止。

在分析东汉政治的发展和外戚宦官的斗争时，是不能忽略世家豪族这个集团的。

东汉的外戚多半是出于这个集团，因为皇帝与世家豪族联婚本来是很自然的。就以章帝以下的外戚来看，窦宪出于刘秀时的河西窦融，邓骘出于刘秀功臣邓禹，梁冀出于刘秀时的梁统。东汉许多皇后贵人都出于这三家。在利益方面，外戚与世家豪族是相通的。除非外戚权势太大太盛，侵害了世家豪族集团的利益，像梁冀的所作所为，外戚与世家豪族才不能合作；

一般地说，世家豪族和外戚是合作的、一致的。

在世家豪族眼里，宦官是刑余之人，是下贱的。同时，他们是皇帝的家奴，皇帝左右的侍臣。他们的出身也都不是世家豪族。因此在宦官和外戚的斗争中，宦官的立场就是皇权的立场。这一对立斗争也就必然发展为君主集权的皇权和以世家豪族为代表的地方分权势力的斗争。

汉代有太学，太学的学生，多半是官僚贵族地主阶级的子弟，也有一部分是中小地主阶层的子弟。顺帝以后，太学生发展到三万多人。随着人数的增加，中小地主阶层的子弟在太学中的成分也增加了。

这些中小地主阶层出身的太学生，在政治上是敏感的。东汉后期土地的兼并、社会矛盾的加深、政治上的贪污腐化以及这些因素汇合起来所造成的地主阶级政权的危机，影响着他们，使他们愤怒和忧虑。为了挽救阶级统治的危亡，他们要求政治上进行改革，他们反对当时政治上的黑暗和贪污腐败。

太学生起来的时候，政治上掌握政权的正是宦官。所以太学生在政治上要求改革，他们的矛头就必然指向宦官。

中小地主阶层知识分子的改革要求，也得到官僚豪族和外戚集团的支持，因为在反对宦官这一点上，知识分子的活动是正合乎他们的利益和要求的。外戚如窦武，官僚豪族如陈蕃、李膺等，都与太学生合作。他们在经济上支持太学生，在政治上也领导太学生。

据史籍记载，早在公元153年（桓帝永兴元年），太学生已参加了官僚豪族反宦官的斗争。这一年，冀州刺史朱穆因为反对宦官被撤职，调到京都，罚作左校（官署名，属将作，掌左工徒）工徒。太学生刘陶等数千人诣阙上书讼朱穆冤。在舆论的压迫下，宦官不得不让步，赦出朱穆。公元162年（桓帝延熹五年），官僚豪族皇甫规因不和宦官合作，被系廷尉输左校劳作。太学生张凤等三百多人，又诣阙讼皇甫规冤，结果皇甫规又被赦出。

官僚豪族和太学生反宦官的运动日趋激烈，宦官对他们也发动了有力的反击。在这一场大搏斗中，官僚、豪族、知识分子集团失败了，于是有“党锢之祸”。宦官说他们是想推翻朝廷、图谋不轨的党人，把他们逮捕、打杀、下狱或禁锢，罚他们终身不得做官。

党锢之祸前后发生两次。一次在公元166年（桓帝延熹九年），一次在公元169年（灵帝建宁二年）。第一次党锢起于官僚知识分子集团领袖之一的李膺捕杀宦官派张成的儿子。当时李膺做司隶校尉，掌管京都洛阳的治安。河内人张成，推测当有大赦，就教他的儿子杀人。李膺逮捕了张成的儿子，但后来果遇大赦。李膺不顾大赦的命令，却偏把张成的儿子杀了。张成是和宦官有勾结的。张成的弟子牢脩就向桓帝上书，告李膺和太学生交结，共为同党，诽谤朝廷。桓帝逮捕了李膺和被指名为李膺同党的杜密等二百余人。到了第二年，由于官僚豪族集团和外戚窦武等联合起来力争，党人才得赦归田里，但仍禁锢终身，不得再做官。第二次党锢起于山阳东部督邮张俭捕杀宦官侯览的母亲。公元168年，桓帝死，窦太后临朝。太后的父亲外戚窦武为大将军，当时官僚豪族集团的领袖陈蕃为太傅。这个外戚豪族集团想联合起来打击宦官，但因计划外泄而失败。第二年，即公元169年，宦官就以张俭杀死侯览的母亲一案为导火线，指示张俭的同乡人朱并上书告张俭与人共为部党，图危社稷。灵帝诏捕张俭等，张俭隐姓埋名逃亡得脱，遂捕前党人李膺、杜密、范滂等一百多人，这一百多人都死在狱中。到了公元176年，又捕太学生一千多人。凡党人门生、故吏、父兄子弟在位者皆免官禁锢。

宦官对党人的禁锢延续到公元184年农民大起义以后。农民大起义起来了，腐朽的东汉统治者和宦官们害怕党人和农民合作，才赶快解除对党人的禁锢。这办法是成功的。有许多党人在农民起义战争中就成为政府有力的帮凶，成为镇压农民起义的刽子手。

外戚宦官之争以及随之而来的“党锢之祸”，从本质上看，都是东汉统治阶级内部的斗争。其基本性质是中央集权的皇权和地方分权势力的世家豪族的斗争。在这一点上，宦官是密切地与皇帝结合在一起，并代表皇权的；外戚、官僚、世家豪族则代表着地方分权。但在中小地主阶层出身的知识分子也起来反对宦官的时候，宦官和宦官的党羽正是腐朽黑暗政治的代表体。因此党锢的斗争中又包含着对黑暗政治的反抗。这种反抗虽然在本质上仍然是统治阶级内部的斗争，但这种斗争中反黑暗的一面是和当时人民的要求相一致的。

二〇　东汉和羌的战争

羌族是古代中国各族人民中一个大族。他的居住区域是现在的甘肃、青海、四川和西藏一带地方。这一族人和古代居住中原的华夏族中的姜姓一支有很亲近的关系。羌、姜，一从人，一从女，古代原是一个字，大约同起于姜水而得名。姜姓一支向东发展成为华夏族的一个重要成分。留在西方的一支便发展而为西方的一个种族繁多的羌族。

直到汉代，羌族的生活主要是靠畜牧业，居处无常，随水草迁徙，但也慢慢有了农业，知道种麦。从有关羌族人民生活的历史记载中，我们知道羌族的历史发展是比较落后的。到东汉后期，羌族似乎还在部落时期。部落很多，没有统一的组织，至多也只有部落联盟，依一个强大的部落酋长为中心，组织部落联盟。各部落间互相攻打，力量大的就被推为雄长。

汉武帝开河西四郡，隔断了羌族和匈奴的联系，并且把羌族推逐到湟水以西的地方去。宣帝时，他们又慢慢向东发展，与边境上的汉人时时发生冲突。宣帝派赵充国打平他们，许多羌人投降了，宣帝特设金城属国来安置这些羌族降人。其后羌人逐渐散居在西方边境上，与汉人杂处。在宣帝以后的数十年，汉帝国统治力还能维持，西方是比较少事的。

但汉人的政府、边郡的官吏以及边地的汉人豪强地主，对于和汉人杂处的羌人，压迫剥削得很厉害。东汉初年，公元33年，班彪给刘秀的上书中曾说："今凉州部，皆有降羌。羌胡被发左衽而与汉人杂处，习俗既异，言语不通，数为小吏黠人所见侵夺，穷恚无聊，故致反叛。"[①]在东汉初期，大约从公元34年到100年，羌族对于汉帝国是时服时叛，战争也是连年不断的。公元100年左右，为羌族之领导部落的烧当羌一支，因为多年战争，部人死亡过多，势力衰落下去，战争才暂告休止。这一时期，东汉统治者对羌族的政策，是一方面在战争中对羌人大量屠杀，另一方面在羌人投降以后，就把他们分散到西方边境以内各地去居住，使其和汉人杂处；目的是分散他们，削弱他们的力量，并同化他们，消灭他们的种姓。

战争的休止是暂时的，六七年后战争就又起来了。

边地的官僚、地主并没有从东汉初年和羌族的战争中得到

① 《后汉书·西羌传》。

教训，他们继续欺辱各地散居在汉人中间的羌族人民。《后汉书·西羌传》说：“时诸降羌，布在郡县，皆为吏人豪右所徭役，积以愁怨。”公元107年，汉帝国政府派骑都尉王弘征发金城、陇西、汉阳羌人去征西域。王弘就征发他们，羌人害怕远征不还，走到酒泉时，有的逃散，有的就起而暴动。各郡的汉官就发兵捕捉，甚至把羌人的村落都烧拆了，于是羌人就联合各部落，暴动起来。羌人因为归附了多年，早没有兵器，他们多数持竹竿木枝作武器。汉帝国调兵遣将向羌人发动进攻，但都被羌人打败，羌人的势力大盛。他们向汉帝国发起反击，南入益州，东犯赵、魏（今河北南部和河南北部），掠夺三辅，一时打得汉帝国毫无办法。羌人的矛头甚至深入到河东、河内，即现在山西南部等地方，洛阳都为之震动了。

西边、北边的地方官吏，遇到羌人来侵不能抵抗，就争着向内地迁移。边地的人民不愿意迁移，官吏就强迫他们迁，“乃刈其禾稼，发彻（拆）室屋，夷（平）营壁，破积聚”[①]。人民流离分散，或死于路上。汉官的压迫不仅引起羌人的反抗，也引起汉人的反抗。汉人杜琦、杜季贡和王信等就领导汉人，和羌人联合起来，共同起义。东汉初年和羌人的战争，本来就已经是披着种族斗争外衣的阶级斗争，因为羌人的

① 《后汉书·西羌传》。

暴动是为了反抗压迫剥削他们的汉人官吏地主阶级。到这时期，汉人也起来和羌人共同反抗官僚地主了，种族斗争就更进一步地融合在阶级斗争之中。

这场战争到公元118年才告一段落，前后打了十年。汉帝国政府在战争中花费了二百四十余亿的军费，府库为之空竭。人民死伤很多，并、凉二州为之虚耗。

公元136年，和羌人的战争再起。羌人向西进攻陇西（今甘肃西部），向东进攻关中，把西汉皇帝在长安附近的园陵都给烧了。这一场战争到公元145年才完，又是打了十年。在这次战争中，汉帝国政府用了八十余亿。军官贪污，军队腐化，士卒死亡，汉帝国的军力逐渐衰落下去了。

东汉晚期，桓、灵两帝时，对羌人的战争仍是不断地发生。汉帝国的军力不行了，这时期对羌人作战，主要是依靠西方凉州的地方兵和地方豪强的势力。主要的将领有皇甫规、张奂、段颎和董卓等人。其中尤其是段颎，对羌人采取大量屠杀的办法。在这样残酷的血腥压迫和屠杀下，羌人才衰弱下去。

对羌人的战争消耗了东汉帝国的兵力和财力，削弱了东汉帝国的统治力量。战争给人民带来困苦，也就加深了东汉帝国的阶级矛盾。东汉政权加速地走上瓦解崩溃的道路。

二一　黄巾起义和东汉帝国的瓦解

东汉的土地兼并，到和帝时代（公元89年到105年）发展到饱和点。这以前，农民虽受剥削、受兼并，但一般地说，生产还是向上的、有发展的；但是这以后，即使遇到小的灾荒，农民便要遭受饥饿，因饥饿而流亡而成为“寇盗”。公元107年以后，在史籍中我们便常常遇到“海贼”“盗贼纵横”“督录盗贼”“盗贼多有”等等记载。公元137年以后，农民暴动的规模愈来愈大，次数也愈来愈频繁。在这些农民暴动中，是有宗教信仰把他们组织起来的，因此，他们常常被称为“妖贼”。他们的暴动是政治性的，他们一起来就往往自称皇帝。这无数次的小暴动到公元184年（灵帝中平元年），便发展为中国历史上又一次的农民大起义。

东汉末年的农民大起义，和以前的农民起义不同的是，它的组织性强。在起义之前，农民中已经有了宗教信仰和宗教教会组织。这种宗教信仰和宗教教会组织把分散的个体农民组织起来。

东汉晚年，在农民群众中流传着两种宗教组织，一是太平道，一是五斗米道。

太平道大约起于东汉中叶。《后汉书·襄楷传》说："顺帝时（公元126年到144年），琅邪宫崇诣阙上其师干吉于曲阳泉水上所得神书百七十卷……号《太平清领书》。其言以阴阳五行为家，而多巫觋杂语。有司奏崇所上妖妄不经，乃收藏之。其后张角颇有其书焉。"《太平清领书》就是太平道的经典，也是太平道得名的根源。"颇有其书"的张角就是后来农民大起义的领袖兼太平道的教主。五斗米道的起源，还不十分清楚，因为信教的要出五斗米给教会法师，所以就被称作五斗米道。五斗米道和太平道有大体相同的宗教仪节。

到东汉末年，太平道发展于东方；五斗米道发展于汉中、巴、蜀。太平道的传教领袖有张角、张宝、张梁兄弟三人。传五斗米道的有张陵、张衡、张鲁祖孙三人。两者都借为人治病来传教。另外，在关中的还有骆曜一个宗教教派。《三国志·魏志·张鲁传》注里引用《典略》一书的一段记载，叙述了太平道和五斗米道为人治病传教的情形，其中说："太平道者，师持九节杖为符祝，教病人叩头思过，因以符水饮之。得病或日浅而愈者，则云此人信道，其或不愈则为不信道。……（五斗米道）法略与（张）角同，加施静室，使病者处其中思过。又使人为奸令祭酒。祭酒主以《老子》五千文，使都习。号为奸令，为鬼吏，主为病者请祷。请祷之法，书病人姓名，说服罪之意。作三通，其一上之天，著山上；其一埋之地；其一沉之水。谓之三官手书。使病者家出米五斗以为常，故号曰五斗米师。”劳动人民生活苦，没有钱看病吃药。物质条件迫使他们向求神求鬼的路上走。所以在人民群众中发展起来的宗教，多半是与为人看病的活动连在一起的。

治病之外，他们还都有一套空想的社会主义纲领。如张鲁继其父张衡在汉中传布五斗米道时，就由祭酒负责，在各地设置义舍，在这些义舍里放着义米和义肉。走路的旅客晚上可以住在这些义舍里，吃义米和义肉，但是只能“量腹取足”，该吃多少就吃多少，不能过多。太平道是不是如此，没有记载，但从两个教派的仪节有很多相同，都是同时在人民群众中发展的情况看，太平道可能也有这一套。

太平道的教主张角是巨鹿人。他自号“大贤良师”，借治病传教，组织农民。十几年中，徒众有数十万。他的活动区域是以东方为中心，向南北发展。青、徐、幽、冀、荆、扬、兖、豫八州的人民，即现在的山东、河南、河北、江苏和安徽、湖北的北部的人民，很多都来信教。张角部署他的信徒，分为三十六方，大方有一万多人，小方六七千人，各立渠帅，以带领群众，并向他们宣传说：“苍天（指汉）已死，黄天（张角自称）当立。岁在甲子（灵帝中平元年），天下大吉。”[①]以此作为他们起义的口号。太平道的信徒又在洛阳和各州郡官府的大门上都用白土写上“甲子”两个大字，告诉统治者：他们的命运要在甲子这个时期受到应得的裁判。

在大教主张角的领导下，直接策划起义工作的是大方马元义。公元184年（灵帝中平元年），即甲子年，马元义曾经数次到洛阳。中常侍（宦官）封谞、徐奉等和他联络，准备做内应。原已约定这年的三月五日，在洛阳和各州郡同时起事。不幸起事之前，内部叛徒出卖了起义。张角的一个弟子唐周上书告变。马元义被捕牺牲。灵帝下令逮捕张角。张角知道事情败露，遂连夜通知各方，提前举事。大暴动起来了，参加起义的农民军都以黄巾为标志，到处“燔烧官府，劫略聚邑”[②]。各地政府官吏大都怕死逃亡，旬日之间，天下响应。洛阳的皇帝大为恐慌，一面在洛阳四周围设防，一面派军队向农民起义军进攻。各地世家豪族也都率领他们的宗族、宾客、徒附、义从

① 《后汉书·皇甫嵩传》。

② 同上。

起来守卫他们的村庄，并派人参加政府军向农民军进攻。政府为了缓和统治阶级内部的矛盾，赶快解除党禁。整个统治阶级都联合起来对付农民起义军。

政府方面领兵镇压各地农民军的主要将领是皇甫嵩和朱儁。我们大家所熟知的董卓、曹操、刘备也都是从镇压黄巾起义中起家的。

农民军起义地点有河北、颍川、南阳三个主要区域。河北的起义军由张角直接领导，颍川汝南一带农民军的领导人是波才，南阳农民军的领导人有张曼成。农民军作战是勇敢的，但农民军的将领多数没有战斗经验，也不懂战略。他们所遇到的敌人像皇甫嵩、朱儁、董卓、曹操等，都是当时有军事才能的人。更重要的是这时世家豪族的势力是很强大的，农民军起义以后，到处遇到这些坚壁自守的世家豪族武力。所以在一年之中，各地农民军的主力就次第为政府及豪强军队所击败。在战争中，农民英勇作战牺牲的有数十万人。

这以后，农民起义还时常发生。以张燕为首的河北农民军曾发展到百万人，但也都在豪强地主武装势力镇压下失败了。

农民起义虽然没有直接推翻东汉帝国，东汉帝国却因农民起义而瓦解了。在农民起义中，中央皇权更加削弱了。地方世家豪族势力乘机起来，逐渐脱离皇权的束缚，向割据独立的路上走。西方豪族董卓掌握了中央政权后，中原的世家豪族就以讨伐董卓为名，公开地割据地方，独立起来。曹操的儿子曹丕在《典论》自序中描写当时世家豪族假名讨卓实行割据的情况说：“名豪大侠，富室强族，飘扬云会，万里相赴。……大者连郡国，中者婴城邑，小者聚阡陌。”公元190年以后，名义上虽然还有一个汉献帝为帝国的皇帝，但实际上皇权已衰落到政令不出宫门。地方豪强袁绍、袁术、曹操、刘备、孙策，各人占据一块地方，形成割据的局面，东汉帝国已名存而实亡了。

二二　秦汉的学术文化（上）

关于秦汉的学术文化，我们分哲学思想、经学、宗教、文学、史学、科学、艺术等几个方面来叙述。

战国时期，百家争鸣，是学术文化的高涨时期。秦始皇焚书坑儒，阻碍学术思想自由发展，把战国以来高涨的学术思潮暂时压了下去。

秦帝国亡后，古代的经典著作又慢慢出现，诸子思想又开始流传起来。

西汉初年的学术思想，是继承战国晚期发展的，表现为诸家思想的综合。汉初的思想家陆贾和贾谊，武帝时期的司马谈和淮南子，在思想上都是综合或总结诸家思想的。但汉初是一个粗安和需要恢复的时期，道家的无为思想最合乎这一时期客观的要求，所以黄老思想是这一时期的主导思潮。总之，汉初的思想，一方面表现为诸子思想的综合和总结，另一方面却又多半是以道家思想为骨干的。

汉武帝罢黜百家，尊崇儒术，结束了战国以来“百家争鸣”的局面。这时，淮南王刘安和他的宾客集体写作的《淮南鸿烈集》，可以说是古代诸子思想结束时的最后一部书。

《淮南鸿烈集》中的主导思想是道家思想，是唯心主义的。书中认为宇宙是从“无”中演化出来的，宇宙又派生万物。书中说：“有生于无，实生于虚。”又说：“夫无形者，物之太祖也。”①

《淮南子》中所表现的政治思想，它的骨干是道家的无为主义。他说：“至人之治也。……随自然之性，而缘不得已之化。洞然无为而天下自和，澹然无欲而民自朴。”②

汉初需要恢复、需要休养生息的客观条件，支持了黄老无为而治的思想，统治阶级也提倡、服膺这种思想。随着社会经济的恢复、社会问题的显露、皇权和封国矛盾的发展，“无为而治”的思想便不能符合皇家统治者的要求，主张积极有为的法家思想和儒家思想便抬起头来。帮助景帝积极向封君斗争的晁错，是一个“学申商刑名于轵张恢生所”③的法家人物。

---

① 《淮南子·原道训》。

② 《淮南子·本经训》。

③ 《汉书·晁错传》。

以《春秋》大一统思想投合武帝统一集权的要求的董仲舒，是一个儒家。在皇权放弃“无为”、主张“有为”的时候，它的斗争对象之一就是封国。在皇权对封国已具有压倒之势的景帝和武帝时，能够维护封国利益的思想武器仍然是“无为”。所以在汉帝国朝廷上逐渐起用儒家、法家的时候，以黄老无为思想为主导思想的这许多人，便汇集在封君淮南王刘安的周围，和汉朝廷的儒家思想对抗。但淮南王刘安的时代，既不是战国，也不是汉初；刘安也不是没落的氏族贵族或破产的公社成员，而是封君，因此《淮南子》的无为思想和老庄的无为思想、汉初黄老的无为思想，都是有别的。封国经济的恢复和封国内部社会矛盾的发展，使封君不能不在无为中有所作为，因此，在《淮南子》的政治思想中，除道家的“无为”思想以外，又有法家思想。《淮南子》中《主术训》一篇，就完全是法家思想的反映。它以无为为思想武器，来反抗皇权对封国的压迫；它又以有所作为的无为，来对付人民群众和当时的阶级矛盾。

董仲舒是西汉儒家学说中特出的代表人物。他以《春秋》附会大一统思想，投合武帝中央统一集权的要求，因而使儒家思想成为统治者统治思想的工具。但董仲舒的思想已大大不同于先秦儒家。为了排挤别家，他须要吸取别家的思想到自己的思想体系中来。

在董仲舒的思想中，阴阳灾异思想占的成分相当大。董仲舒认为天是有意志的、超自然的，天和人是可以相通的。天靠什么把自己的思想意志传达给人呢？靠符瑞和灾异。皇帝的政治好，天就降符瑞；坏，就降灾异。他说："灾者，天之谴也；异者，天之威也。谴之而不知，乃畏之以威。……凡灾异之本，尽生于国家之失。国家之失，乃始萌芽，而天出灾害以谴告之。谴告之而不知变，乃见怪异以惊骇之。惊骇之尚不知畏恐，其殃咎乃至。"①

这种天人相通的迷信思想，在武帝以后，随着阶级矛盾的尖锐化，在地主知识分子间广为传播，具有很大的威势。大部分知识分子是相信这一套的。在西汉晚年，阶级矛盾急遽地尖锐化的情况下，他们对汉室失去了信心，公开地要求皇帝自行让位。这种思想帮助了王莽，使他很容易地夺取了汉家的政权。

西汉末、东汉初，于阴阳五行灾异等迷信之外，又有谶纬。和灾异被认为是上天的"谴"和"威"一样，谶则被认为是上天的预言。当时大家认为上天对于事物，并不明说，而只是用一些仿佛相似的事物，不明不白地来做暗示。这种上天的

① 《春秋繁露·必仁且知第三十》。

暗示就叫作谶。当然这种谶是人造的，不是什么上天的暗示，但那时，人们却相信这一套。譬如和刘秀同时的公孙述，因为谶书里有“废昌帝，立公孙”等话，以为他姓公孙，是应了谶里的话要接替刘汉做天子的，就占据四川做起皇帝来，刘秀也就真的非常害怕他。这种迷信思想成为贵族地主阶级互相争夺皇位的武器，也是麻醉人民、巩固皇权的工具。

在东汉初年，思想界出了一个王充，他大胆地批判了当时流行的五行、谶纬、鬼神迷信思想。

王充是中国古代伟大的唯物论思想家之一，对于宇宙自然，他给以物质的无神论的解释。他认为天只是一个自然体，它并没有意志，也不能思想。符瑞和灾异只是自然现象的偶合，并不是什么受天之命或受天之谴诫。他用疾病来比灾异，说人身上血脉不调就生疾病，自然界风气不和就生灾异。

因为天只是一个自然体，不是有意志的，所以人也不是像当时一般人所相信的那样，是天有意地生出来的。王充说：“儒家论曰：天地故（有意志地）生人。此妄言也。夫天地合气，人偶自生也。”[①]

他反对当时流行的鬼神迷信，他说：“夫人，物也。

① 《论衡·物势篇》。

虽贵为王侯，性不异于物。物无不死，人安能仙？”[1]又说：“人，物也；物，亦物也。物死不为鬼，人死何故独能为鬼？”[2]

根据无鬼论，王充又提出薄葬论，大胆地攻击风靡当时的倾家破产的厚葬风俗。

王充虽是古代的一位伟大的唯物论者，但他的思想是有弱点的。对于宇宙自然，他虽给以物质的无神论的解释，但对于人生，他却陷入偶然主义的命运论，成为一个命定论者。他认为人的死生寿夭、富贵贫贱，都是命定，无法改变的。他说：“凡人遇偶及遭累害，皆由命也。有死生寿夭之命，亦有贵贱贫富之命。自王公逮庶人，圣贤及下愚……莫不有命。命当贫贱，虽富贵之，犹涉祸患矣；命当富贵，虽贫贱之，犹逢福善矣。”[3]

王充这一思想弱点，是时代使然，也是他的阶级性使然。王充出身于小农小市民家庭，生在东汉初年农民战争失败之后，统治秩序又趋于稳定。这一切反映在一个农民学者的思想上，就产生了他的命定论。

---

① 《论衡·道虚篇》。
② 《论衡·论死篇》。
③ 《论衡·命禄篇》。

秦始皇焚书，虽是除医药卜筮种树之书外，百家之书俱焚，但重点则在六国史记和“以古非今”的儒生所依据的《诗》《书》等古代经典上，因之除六国史记外，古代经典所受的劫，是特别大的。

在焚书时，有些儒生就把他们所学习的经典穴藏起来。汉初挟书律废除后，书籍才慢慢流传出来。经过二十余年的穴藏和战乱，书籍当然会有很大的损失。有的书只靠老儒记忆背诵才传下来，这些书都是用当时通行的文字写下来的。

文帝时，申公、韩婴皆以传《诗》任为博士。景帝时，胡毋生、董仲舒以传《公羊春秋》任为博士。武帝初，又置五经博士。武帝尊崇儒术，罢黜百家。儒家既然成为帮助武帝鼓吹统一集权的好助手，经学也就成为官学，跟着发达起来。丞相公孙弘又奏请“为博士官置弟子”，“一岁皆辄试，能通一艺以上，补文学掌故缺；其高第可以为郎中”[1]。经学成了利禄之途，徒弟跟定老师学习，学通了也就跟着做官，一生一世就跟老师学习这一套东西。从此经学的传授，逐渐有了师承。

武帝很喜欢收藏书，他在宫廷里设了几个藏书的地方。武帝还下令全国，征求图书。到成帝时，又命谒者陈农四出搜访遗书。经过最高统治者的征求搜访，皇家图书馆藏的书便越来

① 《史记·儒林列传》。

越多了。这许多书多未加整理，成帝、哀帝时，刘向、刘歆父子曾奉命整理这些书籍。

刘歆在整理这些书时，发现了用古文写的一部《春秋左氏传》、一部《毛诗》、一部《逸礼》、一部《尚书》。《古文尚书》比当时所传的多出十六篇（今文的有二十九篇），《逸礼》则有三十九篇。今文经在当时已立有博士，而且每一经还不止一家，如《诗经》就有齐、鲁、韩三家。刘歆想为他所发现的古文经也立博士，旧的博士群起反对他。哀帝命博士们与刘歆辩论，博士们又不肯参加辩论。刘歆给博士们写信，骂他们是“专己守残（专执自己的偏见，苟守残缺的文献），党同门，妒道真（党同师之学，而嫉妒真正的学术）”[1]。反对刘歆的势力是大的，幸亏哀帝袒护他，一场风波才算过去。

平帝时，王莽再起执政，刘歆做他的助手。于是《左氏春秋》《古文尚书》《毛诗》《逸礼》都立了博士学官。

东汉建立以后，废黜王莽时代的制度。五经博士的设置，仍照西汉的规矩，就是说，只有今文经博士，没有古文经博士。但民间古文经派的势力已很大，古文经派和今文经派就不断地展开争论。

东汉后期，土地兼并，农民破产，阶级矛盾日益尖锐，作

---

① 《汉书·刘歆传》。

为统治工具的儒家经典学派，才慢慢突破家法师承的藩篱，走上“古”“今”综合的道路。担任这项工作的大儒，就是马融和郑玄，其中尤以郑玄完成的工作更多更重要。

郑玄生于公元127年，死于200年。他对于学问是学无师承，择善而从的。他曾师事马融。他注经，就是采各家之长，不墨守一家之说。《后汉书》的作者范晔在《郑玄传》后评论郑玄说：“自秦焚六经，圣文埃灭。汉兴诸儒颇修艺文。及东京（指东汉）学者，亦各名家。而守文之徒，滞固所禀（学者只墨守自己所学的），异端纷纭，互相诡激，遂令经有数家，家有数说（几种不同说法）。章句多者，或乃百余万言，学徒劳而少功，后生疑而莫正。郑玄囊括大典，网罗众家，删裁繁诬，刊改漏失，自是学者略知所归。”郑玄对两汉经学，可以说是做了一次大整理。

二三　秦汉的学术文化（下）

佛教传入中国，大约是在西汉武帝以后。

武帝时，佛教传入西域已有一百多年。张骞通西域，曾到过大夏。当时大夏和印度的交易来往是很多的。《汉书·张骞传》说："张骞使大夏还，传其旁有身毒国（即印度）。"可能张骞是知道有佛教的。西域通后，中国使者、商人一批一批地往西域去，佛教可能就在此时随着商人、使者传入中国。

到东汉初年，贵族中已有信佛的。据《后汉书》记载，刘秀的儿子楚王英已信仰佛教，"为浮屠（佛）斋戒祭祀"①。公元65年，明帝给楚王英的诏书中说："楚王诵黄老之微言，尚浮屠之仁祠……其还赎以助伊蒲塞、桑门之盛馔。"②伊蒲塞即优婆塞，即佛教信徒，桑门即沙门，即和尚。从这些记载

① 《后汉书·楚王英传》。

② 同上。

里，我们知道楚王英信奉佛教，还供养着佛教徒和和尚。

东汉桓帝时，佛教已进入皇宫。公元164年，襄楷的奏疏中曾说："闻宫中立黄老浮屠之祠。"[①]佛教在民间流传得更加广泛了，江淮地区可以说是佛教流传的中心，楚王英就是在这个地区。东汉末年，丹阳人笮融为陶谦督广陵、下邳、彭城三郡运粮。他就用这种收入大起浮屠寺。《后汉书·陶谦传》记述他所修建的佛寺说："上累金盘，下为重楼。又堂阁周回，可容三千许人。作黄金涂像，衣以锦彩。"而且他大设斋会："每浴佛，辄多设饮饭，布席于路，其有就食及观者，且万余人。"[②]笮融所建立的佛寺，可以说是中国正式有佛教寺院建筑的开始，民间大规模的佛教教徒组织，也是从这时才正式见诸记载的。

中国人民自己所创立的道教，也开始于东汉时期。佛教传入中国，和黄老是互为依附的。楚王英信佛是"诵黄老之微言，尚浮屠之仁祠"。桓帝在宫中敬佛，也是"立黄老浮屠之祠"。顺帝时（公元126年到144年），琅邪宫崇诣阙上其师干吉于曲阳泉水上所得神书一百七十卷，号《太平清领书》。这部《太平清领书》就是道教形成时期最早的一部经典。到东汉

① 《后汉书·襄楷传》。

② 同上。

末年，黄巾起义时，道教组织已形成太平道和五斗米道两个大宗派，成为农民大起义中的骨干组织。

汉初，在统治阶级的文人中，最风行的文学形式是辞赋，这是一种长篇巨制的韵文体，是从战国时期的歌和《楚辞》中发展出来的一种文学形式。

汉代的辞赋家很多。西汉初年的辞赋家有贾谊，他的《吊屈原赋》是最出名的。贾谊的遭遇和屈原相近，他吊屈原正是吊自己，所以这是一篇有内容有生命的作品。

武帝时，是赋的鼎盛时期。有名的文人，如司马相如、枚乘、东方朔等都是这时代的人。武帝本人也是一个作家。但赋发展到武帝时期，已经完全成为一种无内容的、死板的、为统治阶级服务的、歌功颂德的庙堂文学。这些作家也都是些住在宫中受着皇帝豢养的文人。

汉代的乐府诗是非常有价值的。乐府是掌管音乐的衙署，开始立乐府的人是汉武帝。乐府的职务是采集民间诗歌。《汉书·礼乐志》说：“至武帝定郊祀之礼，乃立乐府，采诗夜诵，有赵、代、秦、楚之讴。”这些采集来的诗，后来就称作乐府诗。

现在保存下来的汉代的乐府诗，它们反映了当时人民群众的生活，反映了统治阶级的暴虐行为，都是些极好的现实主义的作品。

汉代的散文有极高的成就，中国古代最伟大的史学家司马迁，就是一位卓越的散文家。他的《史记》，从文学的角度看，就是一部造诣极深的艺术性散文的典范。

当然，司马迁最大的贡献还是在史学上。

司马迁是武帝时代的人，世为太史令，他父亲司马谈是当时很有学问的人。司马谈的《论六家要旨》，概括地分析批判了阴阳、儒、墨、法、名、道六家的思想，对古代思想做了极有价值的总结性的评断。

司马谈有志于史籍的撰述而未成。司马迁继承他父亲的遗志，著作《史记》。《史记》是中国一部伟大的史学著作，是一部上起五帝下迄当世的通史。司马迁创立了纪传（志表）体的史学著作体裁，《史记》以后的历代断代史，都是采用这种体裁的。

司马迁的学识是非常广博的。《汉书》的作者班固说他："所涉猎者广博，贯穿经传，驰骋古今上下数千年间。"[1]他前后花了二十多年的时间，写成《史记》这一部书。他富有实践的精神，为了写作《史记》，他曾亲自游历各地，访问长老，采集材料。司马迁很能注意社会经济方面的记

① 《汉书·司马迁传》。

述，在他的《平准书》《货殖列传》以及其他许多世家、列传中，保留下来很多有关古代社会经济的珍贵资料。

司马迁也继承了中国史家实事求是、不向暴力屈服的精神。他写汉家皇室，甚至写汉武帝都是如此的。卫宏《汉旧仪注》说："太史公作《景帝纪》，极言其短及武帝过；武帝怒而削去。"这种精神是后代只向统治者歌功颂德，为尊者讳、为亲者讳的封建奴才史家所不能比拟的。

司马迁之后，汉代又一史学家是《汉书》的作者班固。

班固是东汉初叶，即公元1世纪的人。班固之前他父亲班彪已开始从事史料的搜集和编写工作，作《后传》六十五篇，称作"后传"，是说他的作品是继续《史记》之作的。班固继承父业，而撰《汉书》。他完成了大部分就死去了，妹班昭（当时称为曹大家）和马续代为续成。

《汉书》有一百卷，在体裁上完全模仿《史记》的形式，是用纪传体写的。不同于《史记》的是，《史记》是一部通史，从古写到今，而《汉书》是一部断代史，只写西汉一代的事，从刘邦起到王莽止。但班固的《汉书》开创了断代史的形式，以后的正史也都是采取这种断代的写法。

在科学知识和发明方面，无论是天文、算术或历法，比起先秦来，两汉时代都有很大的进步。在这方面，最值得我们中国人民自豪的是纸的发明。

在纸发明以前，我们的字是写在木简或竹简上的，用绳子把木简或竹简串起来，这就是书的最早的形式。把字写在木简或竹简上，读起来很不方便，要读一部几万言的书，就要拉一大车木、竹简，因此，当时的书，数量不多，流通困难，并且易于毁坏。以后，我们的字又写在缣帛上。缣帛用起来比较方便，可以卷起来，但它的成本很贵，书仍然不能大量流通。

到西汉晚年，才开始有纸。最初的纸是用丝絮做原料制造的。

公元105年，即东汉和帝时候，宦官蔡伦（？—121年）在前人发明的基础上，用树皮、麻头、破布、鱼网等植物纤维造纸成功。他把他造的纸献给和帝，从此纸的使用就慢慢推广起来。为了纪念蔡伦发明纸的功绩，当时人就称纸为蔡侯纸。

纸的发明，对文化的发展是起了推动的作用的。有了纸，书籍就能比较大量地抄写流传了。中国发明的纸，东传到朝鲜、日本，至迟在7世纪末已传入印度，8世纪传入阿拉伯，10世纪以后，又通过非洲、西班牙传到了欧洲。

差不多与蔡伦同时，中国另一位天才科学发明家、河南南阳的张衡（78年—139年）创制了浑天仪和候风地动仪。浑天仪是测量天文的仪器，候风地动仪是测量地震的仪器。据《后汉书·张衡传》记载，候风地动仪造于公元132年，是用铜制的，形式像古时的酒尊，圆径有八尺，有盖高起，“中有都柱，傍行八道”，外面是八条龙，朝着八个方向。每条龙口里衔着一个铜球，龙口下面蹲着一个蟾蜍，张着嘴承接铜球。一切机关消息都在像酒尊样的大圆体里。如果哪个方向发生地震，那么，朝着哪个方向的龙头口里的铜球就会落下来，掉到下面蟾蜍的口里，而其余的七个龙口里的铜球却完全不动。一千八百多年前，有这种精巧的地震仪器发明，是很了不起的。

中国的医学，到汉代也有很大进步。司马迁《史记》里有《扁鹊仓公列传》，仓公是文帝时很有名的医生。东汉时，蔡邕著有《本草》，涪翁著有《针经》，张仲景著有《伤寒论》《金匮》等书。这些书都是汉代杰出的医学著作。最有名的医生是华佗，他精于外科手术。据《后汉书·方术列传》载，华佗已发明了麻醉药剂，而且可以解剖治病，“若病发结于内，针药所不能及者，乃令先以酒服麻沸散，既醉无所觉，因刳破腹背，抽割积聚，若在肠胃，则断截湔洗，除去疾秽，既而缝合，傅以神膏，四五日创愈，一月之间皆平复”。《后汉书》这一段记载，可能有夸大的地方，但华佗在医学上的成就，一定是伟大的、惊人的。

秦汉的建筑术比起前代来也有很大的进步。秦始皇的阿房宫，“东西五百步，南北五十丈，上可以坐万人，下可以建五丈旗”[①]。我们从这一段记载可以想见其雄壮伟大，也可以想见秦汉时期劳动人民在建筑术方面所达到的水平。近年来，在各地的发掘中，出土了很多陶制的汉代房屋模型，有两层的，有三层的，还有更多层的。我们从这些汉代建筑模型中，不难看出它和中国近代建筑物的联系，汉代的建筑风格，有的一直保存下来。

艺术方面，秦汉时期也有卓越的成就。在文献中，我们知道统治阶级都喜欢在他们居住的宫殿墙壁上涂绘些人物、神怪等画像，在一些日用器物上，也雕绘一些美丽的图案。

汉代的艺术，我们现在还可以从出土的汉代石刻、遗物和汉墓壁画中看到。山东嘉祥县武梁祠的石刻（公元147年到149年作）和山东肥城孝堂山的石刻（公元129年前作），是我们所熟悉的。近年发掘的汉墓中，有石刻壁画的很多。如1954年山东沂南出土的杂技画像石，河北望都发掘的汉墓中的壁画，都是色彩鲜明，形象生动。汉代的石刻、壁画，有的是描绘战争的情形的，有的是描绘宴会的情形的，有的是描绘狩猎的情形的，题材相当广泛。通过石刻、壁画和其他的汉代艺术作品，我们可以进一步地了解当时人民的思想意识以及现实生活。

---

① 《史记·秦始皇本纪》。

简短的结论

春秋战国以来，社会经济的发展，要求打破封国分立的局面，要求建立一个统一的大帝国。由于秦国宗法制度束缚力比较薄弱，商鞅变法就在秦国得到比较彻底的成功。由于商鞅变法的比较彻底的成功，秦国就富强起来，由一个比当时其他国家落后的国家变成一个先进的国家，最后灭掉六国，完成统一的任务。

秦始皇统一大帝国的出现，是符合历史发展的要求的，是符合当时人民的利益的。因此，秦统一帝国在中国历史上是起了进步作用的，完成这一统一工作的秦始皇在中国历史上是有贡献的，是应该肯定的人物。

秦的统一虽然是符合历史发展的要求，符合人民的利益的，秦帝国统一后的一些为巩固统一而进行的措施也是符合历史发展的要求的，但秦帝国的强暴政策、繁重的徭役赋税制度，却给人民带来了极大的灾患。秦帝国并进而以“徒”的形式，把大量的自由民变成帝国的奴隶，进行无偿的剥削。人民便起来把秦帝国推倒。

由刘邦和他的集团所建立起来的汉帝国，基本上可以说是秦帝国的延续。不同的是：汉帝国没有像秦帝国那样彻底地废除封国制度，而是采取和分权势力妥协的政策，在统一帝国内，部分地恢复了封国制。另外，汉帝国的统治者起自民间，参加过秦末的农民大起义，知道人民力量的伟大，因之对人民采取了让步的减轻压迫、减轻剥削的政策。

汉初的几十年是一个粗安的时代。人民的要求，在于能得一个和平安定、不受干扰、恢复生产的局面，统治阶级为了安定自己的统治，也需要如此。因此，在汉初的几十年里，政府就采取了符合人民要求的“无为而治”的政策。在社会经济获得恢复发展，统治阶级的政策也能适应社会经济的恢复发展之下，产生了“文景之治”。在这种客观条件下，汉初黄老思想抬头。

汉帝国这一休养生息的恢复时期，正是匈奴顶强盛的时期。大乱之后，国内经济尚待恢复，汉帝国不敢同匈奴作战。封国制的存在，也分散了汉帝国的国防力量。汉帝国虽然对匈奴采取了屈辱的和亲政策，但匈奴仍继续入侵，给北方人民带来极大的祸害。

随着社会经济的恢复，皇权和封国的矛盾发展起来。吴楚七国之乱，是皇权和封国斗争中一次决定性的战争。吴楚七国失败后，皇权压倒了封国，中央压倒了地方，集权压倒了分权。经过汉初几十年的曲折，帝国又走向统一和集权。

武帝即位时，社会经济已经恢复过来，政府的府库也已充溢富足。有了这些物质条件，武帝不能再继续对匈奴采取屈辱的和亲政策，他决定给匈奴以反击。

武帝对匈奴的战争是胜利的。战争的胜利巩固了北方的边防，保卫了北方人民不受匈奴的侵扰。

为了争取对匈奴战争的胜利，汉帝国的势力进入西域。这就使现在新疆境内的古代各族居民和中国各族人民中最大的一支——汉族，在政治上、经济上、文化上发生了联系。

武帝对南方、东南和西南也进行开拓，把这些地区和在这些地区居住的各族人民都包括到汉帝国统一领域内来。

秦始皇曾对外开拓，汉武帝对外做了更大的开拓。秦汉大帝国的形成是历史发展的结果；秦汉大帝国形成后，反过来又推动了帝国领域内各族人民的进步和发展。那些被包括到秦汉帝国领域内来的各族人民，本来在生活上、文化上、历史发展阶段上，都是比汉族人民落后的，自从受了汉族的先进文化的影响，就推动了自己的历史发展。所以，在当时具体的历史条件下，秦汉帝国的开拓，对那些被包括到秦汉帝国领域内来的各族人民的历史发展，是起了推动的作用的。

武帝时代，不仅是汉帝国社会经济发展、国力强大的时代，同时也是学术文化高涨的时代。天文历法知识在这时有很大的进步，史学、文学也很盛。伟大的史学家、《史记》的作者司马迁就是武帝时代的人。乐府诗就是起于这时期的。

但随着社会经济的恢复发展，阶级矛盾也跟着发展起来。在汉初欣欣向荣的经济恢复中，也就发展了富农和地主经济，加以商品货币关系发达、商人阶级的兴起以及武帝时兵役的繁重，土地兼并和小农破产的现象也就跟着严重起来了。

农民破产后，只有两条路好走：一是沦为奴隶或佃农；一是流亡城市、山泽或发动起义。

从贾谊、晁错开始注意这个社会问题起，随着矛盾的发展，很多人都想提出办法解决这个问题，但都失败了。最后王莽出来企图解决这个问题，很多人也把希望寄托在王莽身上。但王莽也失败了。这是不能不失败的，一个社会制度发展规律中所创造出来的矛盾，决不是这一社会中支配阶级的枝节改革办法所能解决的。

刘秀是南阳大地主，依靠绿林农民军起来反抗王莽。在王莽失败以后，刘秀团结豪族地主阶级的势力，以河北为根据地，逐步消灭了各地的农民军和各地的地方势力，取得了政权。

在东汉，豪族地主势力得到更有利的发展条件。但一般说，东汉初年，帝国政府也还能注意维持小农生活，发展生产。在东汉初年的几十年中，在帝国安定统一的局面下，社会经济还是向上发展的，农业、手工业和城市经济都是很盛的。对外方面，曾大败匈奴，帝国的势力再次进入西域。班超曾派人企图直接通往大秦。

东汉初年的几十年，是两汉几百年中继西汉武帝之后，又一个学术文化高涨的时代。思想家王充，科学家张衡，都生长在这个时代，纸也是在这一时期发明的。

刘秀因为是在豪族地主的拥护下取得政权的，所以对待豪族地主就采取了这样的政策：一方面尊重豪族地主在政治上的地位，不撼动他们；一方面又紧紧地把大权集中在皇帝手里。这样在东汉政治上就形成两种势力并存发展的形势，一股力量是集权的君主，另一股力量是逐渐形成的分权的世家豪族。这种形势，再加上外戚、宦官等因素，便形成东汉一朝外戚宦官的斗争。由于君主个人集权的发展，君主个人左右的宦官成为君主的助手，在政治上的权力大起来。东汉外戚如窦家、邓家、梁家，都是世家豪族。这样，政治上君权与世家豪族的对立，便表现为宦官与外戚的对立。“党锢之祸”就是由此产生的。

统治阶级内部是皇权和世家豪族两种势力在斗争，在统治阶级与被统治阶级之间，则随着土地兼并的疯狂发展，阶级矛盾也日趋尖锐。东汉中叶以后，各地农民的武装起义就不断发生。

东汉帝国的统治者不仅压迫剥削汉族人民，而且压迫剥削被征服的其他各族人民，其中主要是羌族人民。东汉中叶以后，羌族人民连续不断举行反抗，使东汉统治者在兵力财力上都遭受极大的损失，因而削弱了东汉帝国的统治力量。

如火如荼的农民起义，更把东汉的统治力量削弱了。地方世家豪族却乘机起来，以前依附皇权大兴党锢打击世家豪族的宦官势力，就被世家豪族袁绍，像摧枯拉朽一样，一举消灭。

公元190年，东方世家豪族以讨董卓为名，公开地占领地方，形成割据的局面，东汉帝国至此名存而实亡。

秦汉大事年表

公元	中国纪年	大　事
前221年	秦始皇帝二十六年	秦统一中国。
前215年	三十二年	秦蒙恬率兵三十万击匈奴。
前214年	三十三年	秦略取南越地，置桂林、象、南海三郡。
前213年	三十四年	秦始皇焚书。
前212年	三十五年	秦始皇坑儒。
前209年	秦二世皇帝元年	陈胜吴广农民大起义。
前207年	三年	秦亡。
前206年	汉王刘邦元年	刘邦为汉王。楚（项羽）汉（刘邦）战争开始。
前202年	五年	项羽失败自杀。刘邦即皇帝位。
前200年	七年	匈奴冒顿单于围刘邦于平城。

前198年	九年	汉与匈奴和亲。
前193年	汉惠帝二年	萧何死，曹参继为汉相国。
前179年	汉文帝元年	除收孥相坐律令。
前168年	十二年	减天下田租之半，三十而税一。
前167年	十三年	免田租。
前166年	十四年	匈奴入萧关，逻骑至甘泉。
前158年	后元六年	匈奴入上郡、云中。
前156年	汉景帝元年	恢复田租三十税一。
前155年	二年	晁错为御史大夫。削诸侯地。
前154年	三年	吴、楚及赵、胶西、胶东、淄川、济南七国反。
前145年	中元五年	令诸侯王不得复治国，天子为置吏。
前140年	汉武帝建元元年	武帝即位。
前138年	三年	张骞第一次使西域。
前136年	五年	置五经博士。
前133年	元光二年	诱匈奴入马邑，与匈奴战争开始。和亲结束。
前132年	三年	河决，自顿丘（今河南浚县）流入渤海，十六郡被灾。

前127年	元朔二年	从主父偃策，令诸侯王分国邑封子弟为列侯。徙郡国豪强及资产在五百万以上者于茂陵。卫青击匈奴，取河南地，复蒙恬故塞，立朔方郡。
前121年	元狩二年	霍去病出陇西击匈奴，深入二千余里。匈奴浑邪王降，以其地为武威、酒泉郡，西域路开。张骞二次使西域。
前119年	四年	卫青、霍去病两路击匈奴。卫青至寘颜山赵信城。霍去病至狼居胥山。取匈奴漠南地，置屯田。徙关东贫民七十余万于陇西、北地、西河、上郡、会稽等地。用度不足，初算缗钱，置盐铁官。
前118年	五年	初行五铢钱。
前111年	元鼎六年	平南越。以其地为南海、苍梧、郁林、合浦、交趾、九真、日南、珠崖、儋耳九郡。于西南开拓疆土，置武都、牂柯、越嶲、沈黎、汶山五郡。

前106年	元封五年	初置十三部刺史，以六条察郡。
前99年	天汉二年	山东泰山琅邪一带人民暴动。
前89年	征和四年	下诏悔对外征伐。以赵过为搜粟都尉。行代田法。
前48年	汉元帝初元元年	以关中及郡国公田给贫民。
前22年	汉成帝阳朔三年	颍川铁官徒暴动，经历九郡。
前18年	鸿嘉三年	广汉郑躬领导暴动，占四县，众万人。
前14年	永始三年	尉氏樊并领导起义。山阳铁官徒起义，经历十九郡国。
9年	王莽始建国元年	更名天下田曰王田，奴婢曰私属，皆不得买卖。
10年	二年	行六筦、五均、赊贷法。
17年	天凤四年	农民起义军开始活动。
23年	地皇四年	绿林农民军立刘玄为皇帝。王莽被杀。
24年	刘玄更始二年	绿林军入长安。
25年	汉光武帝建武元年	刘秀称皇帝，东汉帝国建立。赤眉入长安，更始降赤眉被杀。

26年	二年	赤眉军东归，为刘秀所败。
48年	二十四年	匈奴分南北二单于，南匈奴单于内附。
73年	汉明帝永平十六年	窦固击北匈奴，取伊吾庐地。遣班超使西域。
91年	汉和帝永元三年	公元89年及91年两次击北匈奴，大破之，匈奴衰。
105年	元兴元年	蔡伦以树皮、麻头、破布、鱼网等植物纤维造纸成功。
107年	汉安帝永初元年	和羌族战争起，前后十余年。
132年	汉顺帝阳嘉元年	张衡创制候风地动仪。
136年	永和元年	和羌族战争再起，前后十余年。
159年	汉桓帝延熹二年	桓帝、宦官杀外戚梁冀。
166年	九年	第一次党锢案发生，捕李膺、杜密等。
169年	汉灵帝建宁二年	第二次党锢案发生，杀李膺等百余人。
176年	熹平五年	捕党人太学生一千余人，党人门生、故官、父兄皆免官，禁锢终身。

184年	中平元年	黄巾大起义。党锢解。
189年	六年	世家豪族袁绍诛杀宦官。董卓掌握中央政权。
190年	汉献帝初平元年	关东豪族起兵讨董卓，割据地方。东汉帝国名存实亡。

后 记

《秦汉史略》已写完，这里有两个问题，应该说明一下。

一、在这本小书里，我对秦汉两代的历史只按照历史事实作了些具体的叙述，并尽我的能力做了一点分析；对于秦汉时期社会的性质则没有明确地指出。原因是：我对于秦汉时期社会性质的看法，与目前国内史学界一些师友们的看法并不一致，我决定在我把我的意见提供史学界师友们教正之前，先不在这本比较通俗的小书里提出来。当然，社会性质不是一顶帽子可以摘下来也可以戴上，社会性质关系到一个社会的发展规律、经济发展法则。如果一本书要对一段历史按事实做具体的叙述，就必然会接触到这一段历史的发展规律，也就必然会接触到这一社会的性质，因为历史发展规律和社会性质都是包含在具体的历史事实之中的。因此，在这本小书中，也就必然难免流露出我对秦汉社会性质的看法。

二、在这本小书里，我常用“东方专制政体”来说明秦汉时期皇权的本质以及皇权和一般商人地主的矛盾。对东方专制政体，我没有做详细说明。对这个问题有意做深入研究的，希望去读《马克思恩格斯论中国》（人民出版社版）和马克思遗稿《资本主义生产以前各形态》（人民出版社版）。东方专制政体在中国历史发展上所起的作用怎样，是应该深入研究的一个问题。我深深恐惧我的体会是会有错误的。这里，我再补充一句：书中我分析秦汉时期皇权的性质，以及皇权和一般商人地主之间的矛盾，是在说明秦汉的皇帝本身是大地主，他和地主的矛盾，是地主阶级内部的矛盾。秦汉的皇帝不单单是商人地主们在政治上的工具。就他们同是地主说，对于农民劳动人民来说，皇帝和一般商人地主是同一的；但就地主阶级内部说，皇帝和商人地主又是有统一有矛盾的。这里一点都没有把皇帝看成超阶级的。希望读者不要在这里发生误解。

我的学识浅陋，尤其是马克思列宁主义理论水平很低，这本书写的时间又很仓猝，没有对一些问题多做考虑，错误必然很多，我诚恳地希望史学界师友们给予教正。

1955年2月20日

国家新闻出版广电总局

首届向全国推荐中华优秀传统文化普及图书

大家小书书目

国学救亡讲演录	章太炎　著　蒙　木　编
门外文谈	鲁　迅　著
经典常谈	朱自清　著
语言与文化	罗常培　著
习坎庸言校正	罗　庸　著　杜志勇　校注
鸭池十讲（增订本）	罗　庸　著　杜志勇　编订
古代汉语常识	王　力　著
国学概论新编	谭正璧　编著
文言尺牍入门	谭正璧　著
日用交谊尺牍	谭正璧　著
敦煌学概论	姜亮夫　著
训诂简论	陆宗达　著
金石丛话	施蛰存　著
常识	周有光　著　叶　芳　编
文言津逮	张中行　著
经学常谈	屈守元　著
国学讲演录	程应镠　著
英语学习	李赋宁　著
中国字典史略	刘叶秋　著
语文修养	刘叶秋　著
笔祸史谈丛	黄　裳　著
古典目录学浅说	来新夏　著
闲谈写对联	白化文　著
汉字知识	郭锡良　著
怎样使用标点符号（增订本）	苏培成　著
汉字构型学讲座	王　宁　著

诗境浅说	俞陛云　著
唐五代词境浅说	俞陛云　著
北宋词境浅说	俞陛云　著
南宋词境浅说	俞陛云　著
人间词话新注	王国维　著　滕咸惠　校注
苏辛词说	顾　随　著　陈　均　校
诗论	朱光潜　著
唐五代两宋词史稿	郑振铎　著
唐诗杂论	闻一多　著
诗词格律概要	王　力　著
唐宋词欣赏	夏承焘　著
槐屋古诗说	俞平伯　著
词学十讲	龙榆生　著
词曲概论	龙榆生　著
唐宋词格律	龙榆生　著
楚辞讲录	姜亮夫　著
读词偶记	詹安泰　著
中国古典诗歌讲稿	浦江清　著 浦汉明　彭书麟　整理
唐人绝句启蒙	李霁野　著
唐宋词启蒙	李霁野　著
唐诗研究	胡云翼　著
风诗心赏	萧涤非　著　萧光乾　萧海川　编
人民诗人杜甫	萧涤非　著　萧光乾　萧海川　编
唐宋词概说	吴世昌　著
宋词赏析	沈祖棻　著
唐人七绝诗浅释	沈祖棻　著
道教徒的诗人李白及其痛苦	李长之　著
英美现代诗谈	王佐良　著　董伯韬　编
闲坐说诗经	金性尧　著
陶渊明批评	萧望卿　著

古典诗文述略	吴小如　著
诗的魅力 ——郑敏谈外国诗歌	郑　敏　著
新诗与传统	郑　敏　著
一诗一世界	邵燕祥　著
舒芜说诗	舒　芜　著
名篇词例选说	叶嘉莹　著
汉魏六朝诗简说	王运熙　著　董伯韬　编
唐诗纵横谈	周勋初　著
楚辞讲座	汤炳正　著 汤序波　汤文瑞　整理
好诗不厌百回读	袁行霈　著
山水有清音 ——古代山水田园诗鉴要	葛晓音　著
红楼梦考证	胡　适　著
《水浒传》考证	胡　适　著
《水浒传》与中国社会	萨孟武　著
《西游记》与中国古代政治	萨孟武　著
《红楼梦》与中国旧家庭	萨孟武　著
《金瓶梅》人物	孟　超　著　张光宇　绘
水泊梁山英雄谱	孟　超　著　张光宇　绘
水浒五论	聂绀弩　著
《三国演义》试论	董每戡　著
《红楼梦》的艺术生命	吴组缃　著　刘勇强　编
《红楼梦》探源	吴世昌　著
《西游记》漫话	林　庚　著
史诗《红楼梦》	何其芳　著 王叔晖　图　蒙　木　编
细说红楼	周绍良　著
红楼小讲	周汝昌　著　周伦玲　整理

曹雪芹的故事　　周汝昌　著　周伦玲　整理
古典小说漫稿　　吴小如　著
三生石上旧精魂
——中国古代小说与宗教　　白化文　著
《金瓶梅》十二讲　　宁宗一　著
中国古典小说十五讲　　宁宗一　著
古体小说论要　　程毅中　著
近体小说论要　　程毅中　著
《聊斋志异》面面观　　马振方　著
《儒林外史》简说　　何满子　著

我的杂学　　周作人　著　张丽华　编
写作常谈　　叶圣陶　著
中国骈文概论　　瞿兑之　著
谈修养　　朱光潜　著
给青年的十二封信　　朱光潜　著
论雅俗共赏　　朱自清　著
文学概论讲义　　老　舍　著
中国文学史导论　　罗　庸　著　杜志勇　辑校
给少男少女　　李霁野　著
古典文学略述　　王季思　著　王兆凯　编
古典戏曲略说　　王季思　著　王兆凯　编
鲁迅批判　　李长之　著
唐代进士行卷与文学　　程千帆　著
说八股　　启　功　张中行　金克木　著
译余偶拾　　杨宪益　著
文学漫识　　杨宪益　著
三国谈心录　　金性尧　著
夜阑话韩柳　　金性尧　著
漫谈西方文学　　李赋宁　著
历代笔记概述　　刘叶秋　著

周作人概观	舒　芜　著
古代文学入门	王运熙　著　董伯韬　编
有琴一张	资中筠　著
中国文化与世界文化	乐黛云　著
新文学小讲	严家炎　著
回归，还是出发	高尔泰　著
文学的阅读	洪子诚　著
中国文学1949—1989	洪子诚　著
鲁迅作品细读	钱理群　著
中国戏曲	么书仪　著
元曲十题	么书仪　著
唐宋八大家 ——古代散文的典范	葛晓音　选译
辛亥革命亲历记	吴玉章　著
中国历史讲话	熊十力　著
中国史学入门	顾颉刚　著　何启君　整理
秦汉的方士与儒生	顾颉刚　著
三国史话	吕思勉　著
史学要论	李大钊　著
中国近代史	蒋廷黻　著
民族与古代中国史	傅斯年　著
五谷史话	万国鼎　著　徐定懿　编
民族文话	郑振铎　著
史料与史学	翦伯赞　著
秦汉史九讲	翦伯赞　著
唐代社会概略	黄现璠　著
清史简述	郑天挺　著
两汉社会生活概述	谢国桢　著
中国文化与中国的兵	雷海宗　著
元史讲座	韩儒林　著

魏晋南北朝史稿	贺昌群　著
汉唐精神	贺昌群　著
海上丝路与文化交流	常任侠　著
中国史纲	张荫麟　著
两宋史纲	张荫麟　著
北宋政治改革家王安石	邓广铭　著
从紫禁城到故宫 ——营建、艺术、史事	单士元　著
春秋史	童书业　著
明史简述	吴　晗　著
朱元璋传	吴　晗　著
明朝开国史	吴　晗　著
旧史新谈	吴　晗　著　习　之　编
史学遗产六讲	白寿彝　著
先秦思想讲话	杨向奎　著
司马迁之人格与风格	李长之　著
历史人物	郭沫若　著
屈原研究（增订本）	郭沫若　著
考古寻根记	苏秉琦　著
舆地勾稽六十年	谭其骧　著
魏晋南北朝隋唐史	唐长孺　著
秦汉史略	何兹全　著
魏晋南北朝史略	何兹全　著
司马迁	季镇淮　著
唐王朝的崛起与兴盛	汪　篯　著
南北朝史话	程应镠　著
二千年间	胡　绳　著
论三国人物	方诗铭　著
辽代史话	陈　述　著
考古发现与中西文化交流	宿　白　著
清史三百年	戴　逸　著

清史寻踪	戴　逸　著
走出中国近代史	章开沅　著
中国古代政治文明讲略	张传玺　著
艺术、神话与祭祀	张光直　著 刘　静　乌鲁木加甫　译
中国古代衣食住行	许嘉璐　著
辽夏金元小史	邱树森　著
中国古代史学十讲	瞿林东　著
历代官制概述	瞿宣颖　著
宾虹论画	黄宾虹　著
中国绘画史	陈师曾　著
和青年朋友谈书法	沈尹默　著
中国画法研究	吕凤子　著
桥梁史话	茅以升　著
中国戏剧史讲座	周贻白　著
中国戏剧简史	董每戡　著
西洋戏剧简史	董每戡　著
俞平伯说昆曲	俞平伯　著　陈　均　编
新建筑与流派	童　寯　著
论园	童　寯　著
拙匠随笔	梁思成　著　林　洙　编
中国建筑艺术	梁思成　著　林　洙　编
沈从文讲文物	沈从文　著　王　风　编
中国画的艺术	徐悲鸿　著　马小起　编
中国绘画史纲	傅抱石　著
龙坡谈艺	台静农　著
中国舞蹈史话	常任侠　著
中国美术史谈	常任侠　著
说书与戏曲	金受申　著
世界美术名作二十讲	傅　雷　著

中国画论体系及其批评	李长之　著
金石书画漫谈	启　功　著　赵仁珪　编
吞山怀谷 ——中国山水园林艺术	汪菊渊　著
故宫探微	朱家溍　著
中国古代音乐与舞蹈	阴法鲁　著　刘玉才　编
梓翁说园	陈从周　著
旧戏新谈	黄　裳　著
民间年画十讲	王树村　著　姜彦文　编
民间美术与民俗	王树村　著　姜彦文　编
长城史话	罗哲文　著
天工人巧 ——中国古园林六讲	罗哲文　著
现代建筑奠基人	罗小未　著
世界桥梁趣谈	唐寰澄　著
如何欣赏一座桥	唐寰澄　著
桥梁的故事	唐寰澄　著
园林的意境	周维权　著
万方安和 ——皇家园林的故事	周维权　著
乡土漫谈	陈志华　著
现代建筑的故事	吴焕加　著
中国古代建筑概说	傅熹年　著
简易哲学纲要	蔡元培　著
大学教育	蔡元培　著 北大元培学院　编
老子、孔子、墨子及其学派	梁启超　著
春秋战国思想史话	嵇文甫　著
晚明思想史论	嵇文甫　著
新人生论	冯友兰　著

中国哲学与未来世界哲学	冯友兰　著
谈美	朱光潜　著
谈美书简	朱光潜　著
中国古代心理学思想	潘　菽　著
新人生观	罗家伦　著
佛教基本知识	周叔迦　著
儒学述要	罗　庸　著　杜志勇　辑校
老子其人其书及其学派	詹剑峰　著
周易简要	李镜池　著　李铭建　编
希腊漫话	罗念生　著
佛教常识答问	赵朴初　著
维也纳学派哲学	洪　谦　著
大一统与儒家思想	杨向奎　著
孔子的故事	李长之　著
西洋哲学史	李长之　著
哲学讲话	艾思奇　著
中国文化六讲	何兹全　著
墨子与墨家	任继愈　著
中华慧命续千年	萧萐父　著
儒学十讲	汤一介　著
汉化佛教与佛寺	白化文　著
传统文化六讲	金开诚　著　金舒年　徐令缘　编
美是自由的象征	高尔泰　著
艺术的觉醒	高尔泰　著
中华文化片论	冯天瑜　著
儒者的智慧	郭齐勇　著

中国政治思想史	吕思勉　著
市政制度	张慰慈　著
政治学大纲	张慰慈　著
民俗与迷信	江绍原　著　陈泳超　整理

政治的学问	钱端升　著	钱元强　编
从古典经济学派到马克思	陈岱孙　著	
乡土中国	费孝通　著	
社会调查自白	费孝通　著	
怎样做好律师	张思之　著	孙国栋　编
中西之交	陈乐民　著	
律师与法治	江　平　著	孙国栋　编
中华法文化史镜鉴	张晋藩　著	
新闻艺术（增订本）	徐铸成　著	
经济学常识	吴敬琏　著	马国川　编
中国化学史稿	张子高　编著	
中国机械工程发明史	刘仙洲　著	
天道与人文	竺可桢　著	施爱东　编
中国医学史略	范行准　著	
优选法与统筹法平话	华罗庚　著	
数学知识竞赛五讲	华罗庚　著	
中国历史上的科学发明（插图本）	钱伟长　著	

出版说明

“大家小书”多是一代大家的经典著作，在还属于手抄的著述年代里，每个字都是经过作者精琢细磨之后所拣选的。为尊重作者写作习惯和遣词风格、尊重语言文字自身发展流变的规律，为读者提供一个可靠的版本，“大家小书”对于已经经典化的作品不进行现代汉语的规范化处理。

提请读者特别注意。

北京出版社